L'enfant et sa famille

Du même auteur

De la pédiatrie à la psychanalyse. Préface de Henri Sauguet. *1969, Payot.*

Processus de maturation chez l'enfant. Développement affectif et environnement. *1970, Payot.*

L'Enfant et le monde extérieur. Le développement des relations. *1972, Payot.*

La Consultation thérapeutique et l'enfant. Préface de Masud R. Kahn. *1972, Gallimard.*

Fragments d'une analyse. Préface de M. R. Kahn. *1975, Payot.*

Jeu et réalité. L'espace potentiel. Préface de J.-B. Pontalis. *1975, Gallimard.*

La Petite « Piggle ». Compte rendu du traitement psychanalytique d'une petite fille. Préface de Clare Winnicott et R.-D. Shepherd. *1980, Payot.*

La Nature humaine. *1990, Gallimard.*

Les Bébés et leurs mères. Préface du Dr Benjamin Spock. *1991, Payot.*

Une bibliographie complète en anglais des travaux de D. W. Winnicott ainsi qu'une liste des articles parus en français ont été publiées in De la pédiatrie à la psychanalyse, *Payot.*

Petite Bibliothèque Payot / 50

D. W. Winnicott
L'enfant et sa famille
Les premières relations

Traduit de l'anglais par
Annette Stronck-Robert

Cet ouvrage (*The Child and the Family,* Tavistock Publications, London) a paru en première édition française, en 1957, dans la Petite Bibliothèque Payot, dans la collection « Science de l'homme » dirigée par Gérard Mendel.

© 1957, by D. W. Winnicott.
© 1971, 1991, by Éditions Payot
pour l'édition en langue française
106, bd Saint-Germain, Paris VIᵉ.

PREMIÈRE PARTIE

LA MÈRE NORMALEMENT DÉVOUÉE ET SON BÉBÉ

1. Un homme se penche
sur la maternité

Pour commencer, je pense que vous serez soulagée d'apprendre que je n'ai pas l'intention de vous indiquer ce que vous devez faire. Je suis un homme et, par conséquent, je ne peux pas savoir réellement ce que c'est que de voir là, emmitouflé dans un berceau, un petit morceau de ma personne, un petit morceau de moi ayant une vie indépendante et pourtant dépendante et qui, peu à peu, devient une personne. Seule une femme peut vivre cette expérience. Et seule, peut-être, une femme peut la vivre en imagination lorsque, par malchance, l'expérience véritable fait défaut.

Quel va donc être mon rôle si je ne donne pas d'indications ? J'ai l'habitude que les mères m'amènent leurs enfants et, dans ces cas, nous avons devant nous ce dont nous désirons parler. Le bébé saute sur les genoux de sa mère, essaie d'attraper des objets sur mon bureau, se laisse glisser à terre et se promène à quatre pattes. Il escalade une chaise ou sort les livres des rayons de la bibliothèque. Il arrive qu'un bébé s'accroche à sa mère par peur de ce médecin en blouse blanche qui s'avérera sûrement un monstre qui mange les enfants sages et qui fait des choses encore pires à ceux qui ne le sont pas. Lorsque l'enfant est plus âgé, il est installé à côté de nous, près d'une table, et il dessine pendant que sa mère et moi essayons de retracer l'histoire de son évolution et de voir quand les choses ont commencé à mal tourner. Il écoute d'une oreille pour s'assurer que nous ne faisons rien de mal ; en même temps, il communique avec moi sans parler, à l'aide des dessins que je vais voir de temps en temps.

Comme tout cela est facile et combien différente est ma tâche aujourd'hui qui est de donner, à l'aide de mon imagination et de mon expérience, une image du bébé et du petit enfant!

Vous avez eu la même difficulté. Pour comprendre ma difficulté de communiquer avec vous, vous n'avez qu'à penser à ce que vous avez ressenti lorsque, ayant un bébé de quelques semaines, vous ne saviez pas ce que vous pouviez, ou non, lui communiquer. En y pensant, essayez de vous rappeler à quel âge votre bébé ou vos bébés ont paru vous remarquer en tant que personne et à ce qui, à ce moment passionnant, vous rendait certaine que vous étiez deux personnes communiquant ensemble. Vous ne pouviez pas faire toutes les choses en vous contentant de parler du fond de la pièce. Quel langage auriez-vous utilisé? Non, vous vous êtes trouvée en train de soigner le corps de votre bébé et vous aimiez qu'il en soit ainsi. Vous saviez exactement comment prendre le bébé, comment le remettre dans son berceau, comment le laisser tout seul à l'aise, laissant le berceau agir pour vous. Vous aviez appris comment l'habiller confortablement de façon à protéger sa chaleur naturelle. En fait, vous saviez tout cela lorsque vous étiez une petite fille et que vous jouiez à la poupée. Et puis, il y avait certains moments où vous accomplissiez des choses définies, où vous le nourrissiez, le baigniez, lui changiez ses couches et le dorlotiez. Quelquefois, l'urine mouillait votre tablier, ou bien vous traversait et vous inondait comme si vous vous étiez laissé aller vous-même, mais cela n'avait pas d'importance. Ces choses, en fait, auraient pu vous permettre de savoir que vous étiez une femme, et une mère normalement dévouée.

Je vous dis tout cela parce que je veux que vous sachiez que cet homme qui vous parle, tout en étant détaché de la vie réelle, du bruit, de l'odeur et de la responsabilité des soins maternels, sait vraiment que la mère d'un bébé goûte des choses réelles et qu'elle ne voudrait manquer cette expérience pour rien au monde. Si nous nous comprenons jusque-là, vous me permettrez peut-être de parler de la condition d'une mère normalement dévouée, qui s'occupe des tout premiers stades de la vie d'un nouvel être humain. Je ne peux pas vous dire exactement ce qu'il faut faire, mais je peux vous parler de ce que tout cela signifie.

Parmi les choses courantes que vous faites, vous accomplissez tout à fait naturellement des choses très importantes. Ce qui est beau ici, c'est qu'il n'est pas nécessaire que vous soyez savante; vous n'avez même pas besoin de penser si vous ne le désirez pas. Peut-être avez-vous été désespérément mauvaise en arithmétique à l'école, peut-être toutes vos amies ont-elles eu des bourses, mais vous n'aimiez pas la vue d'un livre d'histoire, ce qui fait que vous n'avez pas réussi et que vous avez quitté l'école tôt. Ou peut-être auriez-vous bien réussi si vous n'aviez pas eu la rougeole juste avant l'examen. Peut-être encore êtes-vous vraiment savante. Peu importe, toutefois, cela n'a rien à voir avec le fait que vous soyez ou non une bonne mère. Si un enfant peut jouer avec une poupée, vous pouvez être une mère normalement dévouée et je suis persuadé que vous êtes cela la plus grande partie du temps. N'est-il pas étrange qu'une chose d'une aussi grande importance dépende si peu d'une intelligence exceptionnelle!

Si les bébés de l'homme doivent finalement évoluer jusqu'à devenir des individus adultes, sains, indépendants et socialisés, il est absolument nécessaire qu'ils aient un bon départ. Dans la nature, ce bon départ est assuré grâce à l'existence d'un lien entre la mère et le bébé, grâce à ce qu'on appelle l'amour. Si donc vous aimez votre bébé, il aura un bon départ.

Qu'on me permette de dire très vite que la sentimentalité n'est pas de mise ici. Toutes, vous connaissez des personnes qui ne cessent de dire qu'elles « *adorent* les bébés ». Vous vous demandez toutefois si elles les aiment vraiment. L'amour maternel est assez primitif. Il y a en lui un désir de possession, un appétit et même un élément équivalent à « vouloir envoyer l'enfant au diable ». Il y a de la générosité et du pouvoir aussi bien

11

que de l'humilité. Mais la sentimentalité est tout à fait exclue et elle répugne aux mères.

Il se peut donc que vous soyez une mère normalement dévouée et que vous aimiez être cela sans y penser. Souvent les artistes sont justement des personnes qui détestent parler de l'art et de ses buts. Vous, peut-être, en tant que mère, préférez-vous éviter de penser à ces problèmes. C'est pourquoi je désire vous avertir que dans ce livre nous allons parler des choses qu'une mère dévouée fait tout simplement en étant elle-même. Certaines mères, cependant, seront heureuses de réfléchir à ce qu'elles font. D'autres, sans doute, qui ont cessé de se consacrer effectivement aux soins maternels — les enfants ayant grandi et allant maintenant à l'école — auront peut-être envie de passer en revue les bonnes choses qu'elles ont faites et de penser à la manière dont elles ont établi les fondements du développement de leurs enfants. Si elles ont fait cela entièrement par intuition, c'était probablement la meilleure manière.

Il est d'une importance vitale que nous essayions de comprendre le rôle joué par les mères qui s'occupent de leurs nourrissons afin de pouvoir protéger la jeune mère de tout ce qui peut s'immiscer entre elle et son enfant. Si elle ne connaît pas la signification de ce que par ailleurs elle fait si bien, elle n'a pas les moyens de se défendre et elle risque de gâcher son travail en essayant de faire ou ce qu'on lui dit, ou ce que faisait sa propre mère, ou ce que disent les livres.

Les pères jouent également un rôle dans tout cela, non seulement parce qu'ils peuvent être de bonnes mères pendant des périodes de temps limitées, mais aussi parce qu'ils peuvent aider à protéger la mère et le bébé contre tout ce qui tend à s'immiscer dans le lien existant entre eux, ce lien qui constitue l'essence et la nature même des soins maternels.

Dans les causeries qui suivront, j'essaierai d'exprimer consciemment, à l'aide de mots, ce que fait une mère lorsqu'elle se dévoue normalement et tout simplement à son bébé.

Nous avons encore beaucoup à apprendre sur les

nourrissons à leurs débuts et seules les mères peuvent nous dire ce que nous désirons savoir. Entre les bébés, des différences énormes existent et ni l'évolution première, ni le développement ultérieur, ne peuvent nous indiquer si l'enfant deviendra un jour Premier ministre!

2. Apprendre à connaître votre bébé

Lorsqu'une femme attend un enfant, sa vie se transforme de mainte façon. Il se peut qu'elle ait été jusque-là une personne aux intérêts variés, qu'elle ait fait carrière dans les affaires ou dans la politique, qu'elle ait joué au tennis avec enthousiasme ou qu'elle ait été toujours prête à sortir ou à aller danser. Elle peut avoir eu tendance à dénigrer les vies relativement limitées de celles de ses amies ayant eu un enfant et à faire des remarques piquantes sur leur vie végétative. Des détails techniques comme le lavage des couches ou leur séchage ont pu vraiment la dégoûter. Et s'il lui est arrivé de s'intéresser à des enfants, on peut dire de cet intérêt qu'il était plutôt sentimental que positif. Tôt ou tard, cependant, cette personne se trouve elle-même enceinte.

Il n'est pas impossible que cela la chagrine au début parce qu'elle ne voit que trop clairement la gêne considérable que cela signifie pour sa vie « à elle ». C'est vrai et tous ceux qui voudraient le nier auraient tort. Les bébés posent des tas de problèmes et, à moins d'être désirés, ils sont positivement gênants. Si une jeune femme n'a pas encore commencé à désirer le bébé qu'elle porte, elle ne peut s'empêcher de penser qu'elle n'a pas de chance.

L'expérience montre, cependant, qu'une transformation s'effectue peu à peu dans les sentiments aussi bien que dans le corps de la jeune femme qui est enceinte. Dirai-je que ses intérêts se restreignent ? Il serait peut-être plus exact de dire que la direction de ses intérêts se tourne de l'extérieur vers l'intérieur. Elle en vient lentement, mais sûrement, à penser que le centre du monde se trouve dans son propre corps.

Peut-être quelque lectrice parvient-elle justement à ce stade et commence-t-elle à se sentir légèrement fière d'elle-même, à éprouver le sentiment qu'elle est une personne qui mérite le respect et devant qui les gens devraient naturellement s'écarter lorsqu'elle marche.

Lorsque la certitude que vous allez être bientôt mère s'accroît, vous commencez, comme le dit le proverbe, à mettre tous vos œufs dans le même panier. Vous commencez à prendre le risque de vous permettre de ne vous occuper que d'une seule chose : le petit garçon ou la petite fille qui va naître. Ce petit garçon ou cette petite fille sera à vous dans le sens le plus profond et vous serez à lui ou à elle.

Pour devenir mère, vous endurez beaucoup de choses. Je pense que c'est pour cette raison que vous devenez capable de voir avec une clarté particulière certains principes fondamentaux des soins maternels. Il ressort de cela que des années d'études sont nécessaires aux personnes qui ne sont pas mères pour aller aussi loin que vous dans la compréhension de ces soins qui vous est apportée par le cours normal de votre expérience. Il n'en reste pas moins que vous pouvez avoir besoin de ceux qui vous étudient parce que des superstitions ou des contes de bonnes femmes (quelques-uns très modernes) apparaissent et vous font douter de vos propres sentiments.

Voyons de près ce que la mère normale, bien équilibrée, sait de son bébé, un savoir qui a une importance tellement vitale et que, pourtant, les observateurs peuvent très bien oublier. Je pense que l'élément qui importe le plus, c'est votre sentiment que le bébé vaut la peine d'être connu en tant que personne, cela dès le premier moment possible. Aucun de ceux qui viennent offrir leurs conseils ne saura jamais cela aussi bien que vous.

Même dans l'utérus, votre bébé est un être humain différent des autres et, au moment de sa naissance, il a déjà beaucoup d'expérience, une expérience qui lui vient de faits désagréables ou agréables. Naturellement, il est toujours possible de lire sur le visage d'un nouveau-né des choses qui ne s'y trouvent pas même si, par moments, un bébé paraît très sagace et plein de pensées. Si j'étais vous, cependant, je n'attendrais pas que les psychologues aient décidé dans quelle mesure un bébé est humain à la naissance. Je me contenterais d'aller de l'avant, d'apprendre à le connaître et de lui permettre de vous connaître.

Vous connaissez déjà quelques-unes de ses caractéristiques grâce aux mouvements auxquels vous avez appris à vous attendre de sa part pendant que vous le portiez. S'il a beaucoup remué, vous vous êtes demandé ce qu'il y avait de vrai dans le dicton amusant que les garçons donnent plus de coups de pied que les filles. En tout cas, le signal de vie donné par ces mouvements vous a rendue heureuse. Je suppose que pendant ce temps le bébé en est venu à savoir beaucoup de choses sur vous. Il a partagé vos repas. Son sang a circulé plus rapidement lorsque vous avez bu une bonne tasse de thé le matin ou lorsque vous avez couru pour attraper un autobus. Dans une certaine mesure, il a dû savoir si vous étiez angoissée, excitée ou en colère. Si vous avez été agitée, il s'est habitué au mouvement et il ne sera pas surpris d'être secoué sur vos genoux ou bercé. Si, d'un autre côté, vous êtes une personne plutôt calme, il a connu la paix et il s'attend à un giron calme et à un landau tranquille. D'une certaine manière, je dirais qu'avant sa naissance, avant que vous n'entendiez son premier cri et que vous soyez assez bien pour le regarder et le prendre, il vous connaît mieux que vous ne le connaissez.

Après la naissance, les bébés et les mères diffèrent énormément dans leur comportement. Dans votre cas, peut-être se passera-t-il deux ou trois jours avant que votre bébé et vous soyez capables de jouir de la compagnie l'un de l'autre. Mais, si vous êtes suffisamment bien, il n'y a pas de raison pour que vous ne puissiez pas commencer à vous connaître mutuellement tout de suite. Je connais une jeune mère qui a eu un contact très précoce avec son premier enfant, un petit garçon. Dès le jour de sa naissance, après chaque tétée, on le couchait dans un berceau que la directrice de la clinique, pleine de bon sens, laissait auprès du lit de la mère. Pendant un moment, il restait éveillé dans le calme de la pièce et la mère laissait sa main glisser vers lui. Avant qu'il n'ait atteint l'âge d'une semaine, il avait commencé à attraper ses doigts et à regarder dans sa direction. Cette relation intime ne connut pas d'interruption et elle évolua. Je pense qu'elle a contribué à établir les fondations de la personnalité de cet enfant et de ce que nous appelons son développement affectif, ainsi que sa capacité de supporter les frustrations et les chocs qu'il rencontrera tôt au tard.

Le moment le plus important de votre premier contact avec votre bébé sera celui des tétées, c'est-à-dire lorsqu'il sera dans un état d'excitation. Peut-être ressentirez-vous également la même chose et aurez-vous dans votre poitrine des sensations qui indiqueront que votre état d'excitation est utile et que vous êtes prête à le nourrir. Si, au début, le bébé considère comme allant de soi votre présence et vos sensations, il a de la chance car il peut s'attacher au travail de satisfaire et d'accommoder ses propres pulsions et ses propres besoins. Selon moi, c'est en effet une chose très angoissante que d'être un nourrisson en train de découvrir les sentiments qui apparaissent en même temps que l'excitation. Aviez-vous jamais vu les choses sous cet angle-là ?

Il découle de cela que vous devrez apprendre à connaître votre bébé sous deux aspects, lorsqu'il est satisfait et plus ou moins calme, et lorsqu'il est excité. Au début, lorsqu'il est calme, il passe une grande partie de son temps à dormir, mais pas tout le temps, et les moments où il est éveillé, tout en étant calme, sont précieux. Je sais que certains bébés ne se montrent presque jamais satisfaits ; pendant longtemps, ils pleurent et expriment de la détresse, même après avoir été nourris, et ils ne s'endorment pas facilement. Il est très difficile pour la mère, dans ces cas, d'établir un contact satisfaisant, mais, le temps passant, il y a des chances que les choses s'arrangent et que la satisfaction apparaisse. Peut-être, au moment du bain, y aura-t-il une possibilité d'établir les débuts d'une relation humaine.

L'une des raisons pour lesquelles vous devriez apprendre à connaître votre bébé à la fois dans ses états d'excitation et de contentement, c'est qu'il a besoin de votre aide et qu'à moins de le connaître, il ne vous est pas possible de l'aider. Il a besoin que vous l'aidiez à maîtriser les transitions terribles entre le plaisir de dormir ou de s'éveiller et l'attaque totale de voracité. Les tâches routinières mises à part, on pourrait dire qu'il s'agit là de votre premier devoir de mère ; une grande habileté est nécessaire, que seule la mère de l'enfant peut posséder, ou bien quelque femme au cœur généreux qui adopte un bébé de quelques jours.

Pour prendre un exemple, les bébés ne naissent pas avec un réveil autour du cou, ayant pour mission de les réveiller toutes les trois heures. Des tétées régulières sont commodes pour la mère ou pour la nourrice. Du point de vue du bébé, il s'avérera peut-être que ces tétées régulières soient la meilleure chose qui convienne, après avoir eu une gorgée lorsque le besoin d'être nourri se fait sentir. Un bébé, toutefois, ne commence pas nécessairement par *vouloir* des tétées régulières ; en fait, je pense qu'il s'attend à trouver un sein qui se présente au moment désiré et qui disparaît lorsqu'il n'en veut plus. Il arrive qu'une mère ait à donner le sein d'une manière irrégulière pendant un certain temps avant de pouvoir adopter une routine stricte qui lui sera commode. En tout cas, lorsque vous commencez à connaître votre bébé, il est bon que vous sachiez ce à quoi il s'attend, même si vous décidez qu'il ne peut pas l'avoir. Et lorsque vous connaîtrez votre nourrisson à fond, vous vous apercevrez que c'est seulement en état d'excitation qu'il manifeste une nature aussi impérieuse. Entre-temps, il n'est que trop heureux de trouver la mère derrière le sein ou le biberon, de découvrir la chambre derrière la mère et le monde à l'extérieur de la chambre. Il y a certes énormément à apprendre sur votre bébé au cours de ses tétées, mais je pense, et vous le verrez, qu'il y a encore plus à apprendre lorsqu'il est dans son bain, ou couché dans son berceau ou lorsque vous lui changez ses couches.

Si une infirmière s'occupe de vous, j'espère qu'elle me comprendra et qu'elle n'éprouvera pas le sentiment que je m'immisce dans ses fonctions lorsque je dis que vous êtes désavantagée si votre bébé ne vous est amené que pour les tétées. Vous avez besoin de l'aide de l'infirmière et vous n'êtes pas encore assez forte pour vous occuper vous-même de votre bébé. Cependant, si vous ne connaissez pas votre bébé pendant qu'il dort ou lorsqu'il est couché, éveillé et à l'affût de ce qui se passe, vous devez avoir une impression très curieuse de lui s'il ne vous est amené que pour les tétées. A ce moment-là, il n'est que mécontentement. Un être humain, c'est certain, mais avec des lions et des tigres en rage à l'intérieur de lui. Et il est presque certainement effrayé de ses propres sentiments. Si personne ne vous a expliqué cela, il se peut que vous soyez également effrayée.

Si, d'un autre côté, vous connaissez déjà votre bébé pour l'avoir observé couché à vos côtés et lui avoir permis de jouer dans vos bras et avec votre poitrine, vous verrez son excitation sous sa vraie forme et la reconnaîtrez comme une forme d'amour. Vous serez aussi en mesure de comprendre ce qui se passe lorsqu'il détourne la tête et refuse de boire, tel l'âne du proverbe (1), lorsqu'il s'endort dans vos bras au lieu de téter ou lorsqu'il s'agite de sorte qu'il ne fait pas ce qu'il faut pour prendre du lait. C'est qu'il a peur de ses propres sentiments. Par votre grande patience, vous pouvez alors l'aider comme aucune autre personne en lui permettant de jouer, de mettre ses lèvres sur le mamelon, de le tenir peut-être, toutes choses dont le bébé peut jouir jusqu'à ce qu'il ait assez confiance pour se risquer à téter. Ce n'est pas facile pour vous. Ce n'est pas facile parce que vous devez penser également à vous-même, soit que vos seins soient trop pleins, soit que vous deviez attendre

---

(1) Proverbe anglais : on ne saurait faire boire un âne qui n'a pas soif. (N. d. T.)

que le bébé tète et commence à se nourrir. Mais, si vous savez ce qui se passe, vous serez capable de surmonter ce cap difficile et vous lui permettrez d'établir une bonne relation avec vous au moment de la tétée.

Il n'est pas si sot non plus. Si vous pensez que l'état d'excitation a pour lui la signification d'une expérience assez identique à celle qui, pour nous, consisterait à se trouver dans l'antre d'un lion, il n'est pas surprenant qu'il désire s'assurer, avant de se laisser aller, que vous êtes une donneuse de lait en qui il peut avoir confiance. Si vous le décevez, il ne peut qu'avoir le sentiment que des bêtes sauvages l'avaleront. Laissez-lui du temps et il vous découvrira. En fin de compte, vous en viendrez tous les deux à accorder de la valeur à son amour vorace de vos seins.

Dans l'expérience d'une jeune mère qui établit *très tôt* un contact avec son bébé, se sentir rassurée sur la normalité de son enfant (quelle que soit la signification qu'on puisse attribuer à ce mot) est, je pense, une chose importante. Dans votre cas, comme je l'ai dit, il se peut que vous soyez trop fatiguée pour commencer à établir un contact amical avec votre bébé dès le premier jour, mais il est bon que vous sachiez qu'il est tout à fait naturel qu'une mère désire connaître son bébé dès sa naissance. Non seulement parce qu'elle a tellement envie de le connaître, mais aussi — et c'est pourquoi cette question est si urgente — parce qu'elle a eu toutes sortes d'idées, comme de donner naissance à quelque chose d'affreux, quelque chose loin d'être aussi parfait qu'un bébé. C'est comme si les êtres humains trouvaient très difficile de croire qu'ils sont assez bons pour créer en eux une chose entièrement bonne. Je doute qu'une mère croie réellement et tout à fait à son enfant dès le début. Cela vaut aussi pour le père car il souffre autant que la mère de douter de sa capacité à créer un enfant sain et normal. Donc, apprendre à connaître votre bébé est d'abord une question urgente à cause du soulagement que la bonne nouvelle apporte aux parents.

Ensuite, vous désirerez connaître votre bébé à cause de votre amour et de votre fierté. Puis, vous l'étudierez en détail afin de pouvoir lui donner l'aide dont il a besoin, une aide qu'il ne peut obtenir que de celle qui le connaît le mieux, c'est-à-dire vous, sa mère.

Tout cela signifie que les soins à donner à un nouveau-né forment un travail continu et qu'ils ne peuvent être bien donnés que par une seule personne.

3. Le principe vital chez le bébé

Je parle des mères et de leurs bébés en général, sans chercher particulièrement à dire aux mères ce qu'elles doivent faire parce qu'elles peuvent très facilement obtenir auprès des centres maternels des conseils sur des points de détail. Ces conseils, en fait, leur viennent presque trop facilement, créant quelquefois un sentiment de confusion. Au lieu de cela, je choisis donc de parler aux mères normalement douées pour s'occuper de leurs bébés dans l'intention de les aider à savoir ce qu'est un bébé et de leur montrer un peu ce qui se passe. Je pense que plus elles en savent, plus elles sont capables de se permettre de faire confiance à leur propre jugement et c'est lorsqu'une mère a confiance dans son jugement qu'elle donne le meilleur d'elle-même.

Il est certainement extrêmement important qu'une mère ait l'expérience d'agir selon son sentiment, ce qui lui permet de découvrir en elle la plénitude de la maternité. En effet, tout comme un écrivain est surpris par la richesse des idées qui lui viennent lorsqu'il se met à écrire, la mère est constamment surprise par ce qu'elle découvre dans la richesse des moindres détails de son contact avec son bébé.

On pourrait effectivement se poser la question de savoir comment une mère peut apprendre à être mère autrement qu'en prenant toutes ses responsabilités? Si elle se contente de faire ce qu'on lui dit, elle ne peut que continuer à faire ce qu'on lui dit. Si elle désire s'améliorer, il lui faut alors choisir quelqu'un de plus compétent pour lui dire ce qu'elle a à faire. Toutefois, si elle a le sentiment d'agir librement, d'une manière qui lui vient naturellement, elle s'améliore dans son travail.

C'est là que le père peut être utile. Il peut aider sa femme en la déchargeant de certains détails. Protégée comme il le faut par son mari, la mère n'a pas à se tourner vers l'extérieur pour s'occuper de ce qui l'entoure à un moment où elle désire tant se tourner vers l'intérieur du cercle qu'elle forme avec ses bras et au centre duquel se trouve le bébé. Ce laps de temps pendant lequel, tout naturellement, elle ne se soucie que de son bébé ne dure pas longtemps. Le lien entre la mère et son bébé est très puissant au début et nous devons faire tout ce que nous pouvons pour permettre à la mère, à ce moment-là, un moment naturel, de ne se soucier que de son bébé.

Et puis, cette expérience n'est pas seulement bonne pour la mère. Il n'y a pas de doute que c'est exactement ce dont le bébé a également besoin. Nous commençons tout juste à comprendre à quel point le nouveau-né a absolument besoin de l'amour de sa mère. La santé de l'adulte se forme tout au long de l'enfance, mais les fondations de cette santé, c'est vous, la mère, qui les établissez au cours des premières semaines et des premiers mois de l'existence de votre bébé. Peut-être cette pensée vous aidera-t-elle un peu si la perte temporaire de vos intérêts pour les affaires du monde vous semble bizarre. Vous êtes en train d'édifier la santé d'une personne qui sera un membre de la société. Cela vaut la peine qu'on s'y attache. Ce qui est curieux, c'est qu'on pense généralement que les soins des enfants sont d'autant plus difficiles que les enfants sont nombreux. En réalité, je suis certain que plus le nombre d'enfants est petit, plus la tension affective est importante. Se dévouer à un seul enfant requiert une tension très grande et c'est une bonne chose que cela ne dure qu'un temps.

Vous voilà donc avec tous vos œufs dans le même panier. Qu'allez-vous faire? Eh bien, réjouissez-vous! Réjouissez-vous qu'on vous accorde de l'importance.

Réjouissez-vous de laisser à d'autres le soin de conduire le monde pendant que vous mettez au monde un nouveau membre de la société. Réjouissez-vous de votre introversion et d'être quasi-amoureuse de vous-même puisque le bébé fait presque totalement partie de vous. Réjouissez-vous de la manière dont votre mari se sent responsable de votre bien-être et de celui du bébé. Réjouissez-vous de découvrir des choses nouvelles sur vous-même. Réjouissez-vous d'avoir, plus qu'auparavant, le droit de faire ce qui vous semble bon. Réjouissez-vous des soucis que vous procure le bébé dont les pleurs et les cris l'empêchent d'accepter le lait que vous avez envie de dispenser avec générosité. Réjouissez-vous de toutes sortes de sentiments féminins que vous ne pouvez même pas commencer à expliquer à un homme. En particulier, je sais que vous serez heureuse des signes qui vous montreront peu à peu que le bébé est une personne et qu'il vous reconnaît en tant que personne.

Réjouissez-vous de tout cela pour vous. De plus, le plaisir que vous pouvez retirer de ce travail salissant que constituent les soins du bébé s'avère avoir une importance vitale pour lui. Le bébé ne désire pas tant qu'on lui donne un repas convenable à un moment convenable, que d'être nourri par quelqu'un qui aime le nourrir. Le bébé considère comme naturelles la douceur de ses vêtements et la bonne température de l'eau du bain. Il en va autrement du plaisir de la mère qui accompagne l'habillage et le bain du bébé. Si ces choses font plaisir, c'est pour lui comme le soleil qui se lève. Le plaisir de la mère doit être là, sinon tout est mort sans utilité et mécanique.

Ce plaisir qui d'habitude vient tout naturellement peut, bien entendu, être contrarié par vos soucis et ceux-ci dépendent pour beaucoup de l'ignorance. Tout cela ressemble assez à ce que vous avez peut-être lu au sujet des méthodes de relaxation pendant l'accouchement. Les personnes qui écrivent ces livres font tout ce qu'elles peuvent pour expliquer exactement ce qui se passe durant la grossesse et la naissance, si bien que les mères peuvent se détendre — ce qui signifie cesser de se faire du souci pour ce qui est inconnu et se reposer sur des processus naturels. Une grande partie des douleurs de l'enfantement ne vient pas de l'accouchement par lui-même, mais de la tension provenant de la peur, surtout la peur de l'inconnu. Si tout cela vous est expliqué et si vous disposez d'un bon docteur et d'une bonne infirmière, vous pouvez supporter ce qui ne peut être évité dans la douleur.

De la même manière, après la naissance de l'enfant, le plaisir que vous prendrez à observer le bébé dépendra du fait que vous ne serez pas tendue et soucieuse à cause de l'ignorance et de la peur.

Je désire, dans ces causeries, donner des informations aux mères afin qu'elles sachent mieux qu'auparavant ce qui se passe chez le bébé et qu'elles voient combien il a justement un besoin précis de ce qu'une mère fait bien si elle est à l'aise, naturelle et absorbée dans son travail.

Je parlerai du corps du bébé et de ce qui se passe à l'intérieur. Je parlerai du bébé en tant que personne en train d'évoluer et je parlerai de la manière dont vous lui ferez graduellement découvrir le monde de façon qu'il n'éprouve pas de confusion.

C'est maintenant que je peux faire comprendre clairement l'idée suivante : votre bébé ne dépend pas de vous pour ce qui est de sa croissance et de son développement. *Un principe vital existe* chez chaque bébé, une étincelle de vie. Cette poussée vers la vie, vers la croissance et le développement, fait partie du bébé. Il s'agit d'un élément avec lequel l'enfant naît et cet élément évolue d'une manière que nous n'avons pas à comprendre. Si vous venez, par exemple, de mettre un oignon de jonquille dans un pot, vous savez parfaitement bien que ce n'est pas vous qui ferez pousser l'oignon pour qu'il devienne une jonquille. Vous fournirez la terre qui convient et vous l'arroserez juste comme il faut. Le reste viendra naturellement, parce que l'oignon porte la vie en lui. Certes, les soins maternels sont beaucoup plus compliqués que ceux d'une jonquille, mais cette image illustre ce que je veux dire parce que, chez l'oignon et chez le bébé, il se passe quelque chose qui n'est pas du ressort de votre responsabilité. Le bébé a été conçu en vous. A partir de ce moment-là, il a logé dans votre corps et, après la naissance, il est venu loger dans vos bras. Cet état est temporaire et ne dure pas toujours. En réalité, il ne dure pas longtemps. Ce n'est que trop rapidement que le bébé va aller à l'école. En ce moment, son corps est minuscule et faible et il a besoin des soins particuliers qui viennent de votre amour. Cela ne modifie pas le fait que la tendance vers la vie et la croissance soit chez lui un élément inhérent.

Je me demande si vous éprouvez le sentiment d'être un peu soulagée d'écouter quelqu'un vous dire ces choses? J'ai connu des mères dont les joies de la maternité étaient gâtées par le fait qu'elles se sentaient, dans une certaine mesure, responsables du processus vital de leur bébé. Si le bébé était endormi, elles se penchaient sur le berceau, espérant vaguement qu'il s'éveillerait et manifesterait un signe de vie. S'il avait l'air morose, elles cherchaient à l'amuser, à chatouiller son visage pour essayer d'amener un sourire qui, bien sûr, n'avait pas de signification pour lui. Ce n'est qu'une réaction. Ces personnes sont toujours en train de faire sauter les bébés sur leurs genoux pour provoquer un gloussement ou n'importe quel signe qui puisse les rassurer en indiquant que le processus vital continue en eux.

On ne permet jamais à certains enfants, même pendant leur plus tendre enfance, de rester étendus et de planer. Ceux-ci perdent beaucoup et le sentiment qu'ils désirent vivre par eux-mêmes peut leur échapper complètement. Il me semble que si je peux vous faire comprendre que ce processus vital existe réellement chez le bébé (processus qui, en fait, est très difficile à éteindre), vous pourrez peut-être mieux jouir des soins que vous lui donnez. En fin de compte la vie dépend moins de la volonté de vivre que du fait de respirer.

Certaines d'entre vous ont créé des œuvres d'art. Vous avez dessiné ou peint, vous avez fait du modelage. Ou bien, vous avez tricoté des pulls ou fabriqué des robes. Lorsque vous avez fait cela, le résultat était vôtre. Les bébés sont différents. Le bébé pousse et vous êtes la mère qui lui fournit l'environnement qui lui convient.

Il est des personnes qui pensent qu'un enfant est comme de l'argile entre les mains d'un potier. Elles commencent à mouler le bébé et à se sentir responsables du résultat. Elles ont tort. Si c'est ce que vous éprouvez, vous serez écrasée par des responsabilités que vous n'avez absolument pas besoin de prendre. Si vous acceptez l'idée d'un bébé qui existe par lui-même, vous serez alors libre de retirer un grand intérêt de l'observation de ce qui se passe lorsque le bébé grandira, tout en étant heureuse de satisfaire ses besoins.

4. L'allaitement du bébé

Depuis le début de ce siècle, de nombreux travaux ont porté sur l'allaitement du nourrisson. Médecins et physiologistes ont écrit de nombreux livres et quantité d'articles scientifiques, chacun d'entre eux augmentant un peu notre savoir. Le résultat de tout ce travail, c'est qu'il est maintenant possible de faire la différence entre deux catégories d'éléments : ceux d'une nature physique, biochimique ou matérielle, dont personne ne pourrait avoir une connaissance intuitive et qui ont besoin d'être étudiés scientifiquement à fond, et ceux d'une nature psychologique, que les gens ont toujours été capables de connaître, à la fois par le sentiment et par la simple observation.

Par exemple, pour aller tout de suite au fond des choses, l'allaitement est affaire de relation entre la mère et le bébé ; c'est la mise en pratique d'une relation d'amour entre deux êtres humains. Il était difficile, cependant, de le reconnaître (bien que les mères aient le sentiment que c'est vrai) avant que de nombreuses difficultés n'aient trouvé leur solution dans l'étude de l'aspect médical du problème. Tout au cours de l'histoire du monde, il doit être venu à l'idée d'une simple mère, menant une vie saine, que l'allaitement du bébé était tout simplement affaire de relation entre elle et lui. Mais il y avait, en même temps, la mère dont le bébé mourait de diarrhée et de maladie; celle-là ne savait pas qu'un microbe avait tué son enfant et elle devait être persuadée que son lait était mauvais. La maladie d'un bébé et sa mort font perdre aux mères leur confiance en elles-mêmes et cela les pousse à rechercher un avis autorisé. La maladie physique a compliqué le problème tel qu'il est vu par la mère et, en fait, c'est seulement grâce aux grands progrès dans la connaissance de la santé et de la maladie physiques que nous pouvons maintenant revenir à l'élément principal : la situation affective, le lien affectif entre la mère et le bébé. Ce lien affectif doit se développer d'une manière satisfaisante pour que l'allaitement se passe bien.

Aujourd'hui, les médecins du corps en savent assez au sujet du rachitisme pour prévenir son apparition. Ils en savent assez au sujet des dangers de la contagion pour prévenir la cécité qui suivait généralement la contamination du bébé à sa naissance par les gonocoques ; ils connaissent suffisamment les dangers d'un lait provenant de vaches tuberculeuses pour empêcher la méningite tuberculeuse qui était courante et mortelle, et suffisamment le scorbut pour l'éliminer virtuellement. Maintenant, il est soudain devenu urgent pour ceux d'entre nous qui s'intéressent principalement aux sentiments, de définir aussi exactement que possible le problème psychologique qui se pose à toute mère, aussi totale que soit l'absence de maladie ou de trouble physique grâce à la capacité du médecin.

Il n'y a pas de doute que nous ne pouvons pas encore définir exactement le problème psychologique qui se pose à toute mère d'un nouveau-né. Il est néanmoins permis d'essayer et les mères peuvent jouer un rôle en corrigeant ce qui est mal dans ce que je dis et en mentionnant ce qui pourrait être oublié.

Je vais essayer. Si la mère à laquelle nous pensons est normalement bien portante et vit dans un foyer normalement bon, fondé par elle et son mari, si par ailleurs nous supposons que le bébé est arrivé en bonne santé et à terme, on peut émettre alors l'idée remarquablement simple que, dans ces circonstances, l'allaitement du nourrisson n'est qu'un élément, un des éléments les plus importants il est vrai, d'une relation entre deux êtres humains. Ces deux êtres, la mère et le nouveau-né, sont prêts à se lier l'un à l'autre par des liens d'amour extrêmement puissants. Naturellement, ils doivent apprendre à se connaître avant de prendre les grands risques affectifs que cela implique. Une fois qu'ils en sont venus à se comprendre mutuellement — ce qu'ils peuvent faire immédiatement ou seulement après un essai — ils comptent l'un sur l'autre, se comprennent et l'allaitement évolue de lui-même.

En d'autres termes, si la relation entre la mère et le bébé a commencé et se développe naturellement, point n'est alors besoin de techniques d'allaitement, de pesées et de toutes sortes de détails. Tous deux savent, mieux qu'aucun autre observateur, ce qui convient exactement. Dans ce cas, un bébé prendra la quantité exacte de lait à la vitesse exacte et saura quand s'arrêter. La digestion du bébé et les excréments n'auront même pas besoin d'être surveillés par des étrangers. Tout le processus physique marche, simplement parce que la relation affective se développe naturellement. J'irai même jusqu'à dire que dans ces circonstances une mère peut apprendre beaucoup de choses sur les autres bébés grâce au sien, tout comme le bébé apprendra à connaître sa mère grâce à elle.

Des sentiments de plaisir tellement grands dérivent des liens intimes, corporels et spirituels, qui peuvent exister entre un bébé et sa mère, que les mères tombent facilement sous la coupe de personnes dont les avis semblent dire qu'on ne devrait pas se laisser aller à de tels sentiments — et cela constitue un réel ennui. Il est certain que le puritain moderne se retrouve dans le domaine de l'allaitement du bébé! Quelle drôle d'idée d'éloigner un bébé de sa mère après la naissance, lui faisant ainsi perdre sa seule possibilité (grâce à son odorat) de sentir qu'il la retrouve après l'avoir perdue. Quelle drôle d'idée de mettre une serviette autour d'un bébé qui tète, ce qui l'empêche de toucher les seins ou le biberon, le résultat étant qu'il ne peut jouer un rôle dans ce qui se passe qu'en signifiant « oui » (en tétant) ou « non » (en se détournant ou en dormant).

Quelle drôle d'idée de commencer à nourrir un bébé à des heures régulières avant qu'il ait acquis le sentiment qu'il y a vraiment quelque chose en dehors de lui et de ses désirs.

A l'état naturel (je veux dire : lorsque les deux êtres humains impliqués sont en bonne santé), les techniques, les quantités et les heures peuvent être laissées aux soins de la nature. En pratique, cela signifie que la mère peut permettre au bébé de décider de certaines choses qui relèvent de son pouvoir de décision, parce qu'elle-même est facilement capable de prendre des décisions et de fournir ce qui est impliqué dans sa tâche, qu'il s'agisse de soins ou de lait.

Dire ces choses me fera peut-être taxer d'imprudence. Il existe en effet peu de mères qui soient exemptes de difficultés personnelles et qui n'aient pas tendance à s'inquiéter, ce qui leur fait rechercher un soutien. Il existe aussi, sans aucun doute, des mères qui ne s'occupent pas de leurs bébés ou qui se montrent cruelles envers eux. Malgré tout, je pense que la connaissance de ces faits fondamentaux aidera les mères, même celles qui savent avoir besoin de conseils sur toute la ligne. Si une mère doit jamais apprendre comment réussir son premier contact avec son second ou son troisième bébé, il faut qu'elle se rende compte de ce vers quoi elle tendait au moment de la naissance de son premier bébé, lorsqu'elle avait tellement besoin d'être aidée. Elle tendait à ne pas dépendre de conseils quant à la manière de s'occuper de ses bébés.

Je dirai qu'un allaitement naturel est donné exactement lorsque le bébé le désire et qu'il cesse lorsque le bébé cesse de le désirer. Voilà la base. C'est à partir de cela, et seulement à partir de cela, qu'un nourrisson peut commencer à trouver un compromis avec sa mère, le premier étant l'acceptation d'être nourri d'une manière régulière et équilibrée, disons toutes les trois heures. Cela est commode pour la mère et peut pourtant paraître au nourrisson comme la satisfaction de son propre désir, à condition qu'il puisse s'arranger pour avoir faim régulièrement toutes les trois heures. Si cet intervalle de temps est trop long pour l'enfant, la détresse apparaît ; la méthode la plus rapide pour faire revenir la confiance est que la mère nourrisse à la demande pendant une nouvelle période, revenant à des heures régulières qui lui conviennent lorsque le bébé devient capable de les supporter.

A nouveau, cela peut paraître osé. Une mère, à qui l'on enseigne que son bébé doit apprendre à avoir des habitudes régulières, éprouve vraiment le sentiment d'être une mauvaise mère si on lui dit de nourrir son bébé comme une gitane. Comme je l'ai dit, elle a facilement peur du grand plaisir impliqué et elle éprouve le sentiment que sa famille et les voisins la blâmeront s'il en résulte des difficultés. L'ennui principal, c'est que les gens sont facilement écrasés par la seule responsabilité d'avoir un bébé et ils n'accueillent que trop facilement les règles et les préceptes qui font que la vie est moins risquée, même si elle devient un peu ennuyeuse. Dans une certaine mesure, cependant, médecins et infirmières sont à blâmer et nous devons vivement retirer ce que nous avons pu mettre entre la mère et son bébé. Même l'idée d'une alimentation naturelle serait dangereuse si c'était une chose vers laquelle tendre consciemment parce que les autorités diraient qu'elle est bonne.

Quant à la théorie qui veut que l'apprentissage de la propreté commence aussitôt que possible, la v rité est que cet apprei ti sage ne doit pas entrer en ligne de compte tant que le bébé n'a pas accepté le monde en dehors de lui et n'est pas parvenu à s'en accommoder. Et le fondement de cette acce tation de la réalité extérieure est la première et brève période au cours de laquelle une mère suit naturellement les désirs de son bébé.

Vous voyez que je ne dis pas que nous pouvons laisser tomber les centres maternels et laisser les mères se tirer d'affaire avec leur bébé quant aux problèmes posés par le ré ime de base, les vitamines, les vaccinations et la bonne manière de laver les couches. Ce que je dis, c'est que les médecins et les infirmière devraient tendre à diriger cet aspect médical sans que rien ne vienne troubler le mécanisme délicat de la relation mère-nourrisson en train de se développer.

Naturellement, si je parlais à des infirmières qui s'occupent de bébés qui ne sont pas à elles, j'aurais beaucoup de choses à dire sur leurs difficultés et leurs déceptions. Dans un ouvrage remarquable, *The nursing couple* (1), mon regretté ami, le docteur Merell Middlemore, écrivait :

« Il n'est pas surprenant qu'un manque de douceur chez l'infirmière apparaisse quelquefois à la suite d'énervement. De tétée en tétée, elle observe les réussites et les échecs de l'enfant et de la mère et, dans une certaine mesure, leurs intérêts sont les siens. Elle peut trouver difficile d'observer les efforts maladroits de la mère pour nourrir l'enfant et, en fin de compte, elle se sent poussée à intervenir parce qu'elle pense pouvoir redresser la situation. Son propre instinct maternel est pour ainsi dire réveillé pour concurrencer celui de la mère, au lieu de le renforcer. »

Les mères qui me liront ne devront pas trop s'inquiéter de ne pas avoir réussi leur premier contact avec l'un de leurs enfants. Tant de raisons existent pour lesquelles des échecs ne peuvent manquer de se produire. Par ailleurs, on peut faire beaucoup par la suite pour réparer ce qui est allé mal ou remplacer ce qui a fait défaut. Toutefois, si je veux essayer d'aider les mères qui peuvent réussir, et qui réussissent cela — la plus importante de toutes les tâches d'une mère — il me faut prendre le risque d'en inquiéter certaines. Il me faut du moins, si je veux essayer de faire comprendre mon point de vue (qu'une mère qui réussit une relation *à elle* avec son bébé fait ce qu'il y a de mieux pour l'enfant, pour elle et pour la société en général), prendre le risque de blesser celles qui ont des problèmes.

Autrement dit, le seul fondement véritable de la relation d'un enfant avec son père et sa mère, avec les autres enfants et, en fin de compte, avec la société,

---

(1) Merell P. Middlemore, M. D., *The nursing couple*, Hamisb Hamilton Medical Books.

34

est la première relation réussie entre la mère et le bébé, entre deux personnes, sans que des règles concernant un allaitement à heures fixes interviennent, pas même la règle que le bébé doit être nourri au sein. Dans les affaires humaines, le plus complexe ne peut se développer qu'à partir du plus simple.

5. Où va la nourriture ?

Lorsque les bébés sont sur le point d'avoir faim, quelque chose commence à vivre en eux, quelque chose s'apprête à prendre possession d'eux. Certains des bruits que vous faites ont trait à la préparation du repas et le bébé les connaît. Ils signifient que le moment approche où il pourra, en toute sécurité, laisser mûrir son appétit en un besoin gigantesque. Vous le voyez saliver. Les petits bébés, en effet, n'avalent pas leur salive. En bavant, ils montrent au monde qu'ils s'intéressent aux choses dont ils peuvent prendre possession avec leur bouche. Cela revient à dire que votre bébé entre dans une phase d'excitation, excitation particulièrement sensible dans la bouche. Les mains jouent également un rôle dans la recherche de la satisfaction. Donc, lorsque vous nourrissez votre bébé, ce que vous faites correspond chez lui à un désir extrême de nourriture. La bouche est préparée. A ce moment-là, les bourrelets des lèvres sont très sensibles et ils interviennent dans l'appréciation de sensations buccales agréables, à un degré que le bébé ne retrouvera jamais plus tard.

Une mère s'adapte activement aux besoins de son bébé et elle aime cela. Dans ce qu'elle fait, son amour la rend experte à accomplir des adaptations délicates. D'autres personnes penseraient que cela n'en vaut pas la peine et seraient incapables d'y penser. Que vous nourrissiez au sein ou au biberon, la bouche du bébé devient très active et le lait passe de votre sein ou du biberon dans sa bouche.

On admet généralement qu'il y a une différence entre

un bébé au sein et un bébé au biberon. Celui qui est nourri au sein va au-delà de la racine du mamelon et mâche avec les gencives, ce qui peut être très douloureux pour la mère, mais la pression exercée à cet endroit pousse le lait qui se trouve dans le mamelon jusque dans la bouche. Le lait est alors avalé. Le bébé nourri au biberon doit utiliser une technique différente. Dans ce cas, la succion, qui peut s'avérer un point mineur dans l'expérience du sein, est plus accentuée.

Certains bébés au biberon ont besoin d'un trou assez large dans la tétine parce qu'ils veulent obtenir le lait sans tirer, jusqu'à ce qu'ils aient appris à le faire. D'autres tirent tout de suite et s'inondent si le trou est trop grand.

Si vous utilisez un biberon, il faut vous préparer à effectuer certaines petites adaptations d'une manière plus consciente que si vous nourrissiez au sein. La mère qui nourrit au sein se détend, elle sent le sang qui monte dans sa poitrine et le lait qui vient naturellement. Si elle nourrit au biberon, il faut qu'elle soit davantage sur ses gardes. Fréquemment, elle retire le biberon de la bouche du bébé, sinon le vide dans la bouteille deviendrait trop important et le bébé ne pourrait plus tirer le lait. Elle laisse le lait refroidir jusqu'à la bonne température et elle vérifie en mettant le biberon contre son bras. Elle a, également, à côté d'elle, une casserole d'eau chaude pour y mettre le biberon pour le cas où le bébé serait lent et le lait trop froid.

Ce qui nous intéresse maintenant, c'est ce qui arrive au lait. Nous pourrions dire que le bébé connaît beaucoup de choses sur le lait jusqu'à ce qu'il soit avalé. Le voilà qui passe dans sa bouche, lui faisant éprouver une sensation définie avec un goût défini. Il n'y a pas de doute que cela est très satisfaisant. Puis, le lait est avalé. Du point de vue du bébé, cela signifie qu'il est presque perdu. A cet égard, les poings et les doigts sont mieux car ils restent là où ils sont, ils restent disponibles. Tant qu'elle demeure dans l'estomac, la nourriture avalée n'est toutefois pas complètement perdue. Elle peut encore être restituée. Les bébés paraissent être capables d'avoir une idée de leur estomac.

Vous savez probablement que l'estomac est un petit organe d'une forme assez semblable à celle d'un biberon couché en travers, de gauche à droite sous les côtes. C'est un muscle, plutôt compliqué, avec une capacité merveilleuse de faire exactement ce que les mères font pour leurs bébés, c'est-à-dire de s'adapter à des conditions nouvelles. Il fait cela automatiquement, à moins qu'il ne soit dérangé par une excitation, une peur ou une angoisse, tout comme les mères sont naturellement de bonnes mères, sauf si elles sont tendues et angoissées. Il se comporte assez comme une bonne mère en miniature à l'intérieur. Lorsqu'un bébé se sent bien (ou détendu, comme nous le dirions en parlant de grandes personnes), ce récipient musculaire, que nous appelons l'estomac, se comporte bien. Cela veut dire qu'il conserve une certaine tension, tout en gardant sa forme et sa position.

Le lait est donc dans l'estomac, qui le retient. Une série de mécanismes commence maintenant, que nous appelons la digestion. Il y a toujours, dans l'estomac, des liquides, des sucs digestifs et, à son extrémité supérieure, de l'air. Cet air a un intérêt particulier pour les mères et les bébés. Lorsque le bébé avale le lait, la quantité de liquide s'accroît dans l'estomac. Si la mère et le bébé sont suffisamment calmes, la pression de la paroi stomacale s'adapte et se relâche un peu. L'estomac devient plus important. Habituellement, toutefois, le bébé est légèrement excité, l'estomac met donc un peu de temps à s'adapter et la pression temporairement accrue dans l'estomac procure un sentiment d'inconfort. Pour le bébé, un moyen rapide de se tirer de cet ennui est de faire un petit renvoi. Pour cette raison, après avoir nourri votre bébé, et même au milieu d'une tétée, vous pouvez trouver bon qu'il fasse un renvoi. Si le bébé est en position verticale pour renvoyer, il est très vraisemblable qu'il ne renverra que de l'air au lieu de renvoyer également un peu de lait. C'est pourquoi vous pouvez voir des mères qui mettent leur bébé contre leur épaule et qui lui tapotent légèrement le dos parce que ce tapotement stimule l'estomac et facilite le renvoi.

Naturellement, il arrive très souvent que l'estomac du bébé s'adapte si rapidement à la nourriture et accepte si facilement le lait qu'un renvoi n'est pas nécessaire. Mais, si la mère du bébé est elle-même crispée (et cela peut arriver quelquefois) le bébé se crispe également et, dans ce cas, l'estomac mettra plus longtemps à s'adapter à l'augmentation de nourriture à l'intérieur. Si vous comprenez ce qui se passe, vous serez capable de venir très facilement à bout de cette histoire de renvoi et cela ne vous surprendra pas qu'une tétée soit tout à fait différente d'une autre, ou qu'un bébé diffère d'un autre à cet égard.

Si vous ne savez pas ce qui se passe, il est certain que vous serez désemparée. Une voisine vous dira : « Assurez-vous que le bébé a un renvoi après sa tétée! » et, si vous êtes dans l'ignorance, vous ne pourrez pas lui répondre. Aussi, mettrez-vous le bébé contre votre épaule et lui tapoterez-vous le dos avec vigueur pour essayer d'obtenir ce renvoi dont vous avez le sentiment qu'il *doit* être produit. Cela peut devenir une sorte de rite. De cette manière, vous imposez vos propres idées (ou celles de votre voisine) à votre bébé et vous contrecarrez la manière naturelle qui, après tout, est la seule bonne manière qui soit.

Donc, ce petit récipient musculaire garde le lait pendant un certain temps, jusqu'à ce que le premier stade de la digestion s'achève. L'une des premières choses qui se passe, c'est que le lait se caille. C'est le premier stade du processus naturel de la digestion. En fait, faire du fromage blanc, c'est imiter ce qui se passe dans l'estomac. Ne vous inquiétez donc pas si le bébé renvoie un peu de lait caillé. Il ne peut qu'en être ainsi. Il arrive aussi, assez souvent, que les bébés vomissent un peu.

Pendant le temps où des choses se passent dans l'estomac, il est très bon que le bébé soit au calme. Que vous arrangiez cela au mieux en mettant le bébé dans son berceau après la tétée ou en le promenant un petit peu, tout doucement, je vous laisse le soin d'en décider, car deux mères et deux bébés ne se ressemblent pas. Un bébé qui se trouve bien reste étendu et semble contempler l'intérieur. Parce que le sang se porte sur la partie active de son corps, communiquant à son ventre une bonne sensation de chaleur, il éprouve à ce moment-là le sentiment d'être bien. Si, pendant cette première partie des processus digestifs, le bébé est dérangé, distrait ou excité, cela peut provoquer des pleurs de mécontentement ou même des vomissements, ou encore un passage trop rapide de la nourriture avant qu'elle n'ait réellement subi tous les changements qu'elle devrait subir dans l'estomac. Je pense que vous savez combien il importe de tenir les gens à l'écart lorsque vous nourrissez votre enfant. Le moment du repas se continue jusqu'au moment où la nourriture quitte l'estomac et cela ressemble assez à l'instant important d'une fête solennelle qui paraît gâté si un avion vient à passer au-dessus de vous. Oui, cette période solennelle se continue jusqu'à inclure la période qui suit la tétée, lorsque la nourriture n'est pas encore tout à fait acceptée.

Si tout va bien, cette période particulièrement sensible prend fin et vous commencez à entendre des petits rires et des gargouillis. Cela veut dire que la partie de la digestion du lait dans l'estomac se termine. D'une façon tout à fait automatique, l'estomac envoie maintenant, à travers une valve, de plus en plus de lait partiellement digéré dans ce que nous pouvons en gros appeler les intestins. La suite de la digestion du lait est un processus très complet. Peu à peu, le lait digéré commence à être absorbé dans le sang et il est porté à toutes les parties du corps. Il est intéressant de savoir que de la bile est ajoutée au lait peu de temps après qu'il a quitté l'estomac. Elle est sécrétée par le foie au moment approprié et c'est elle qui donne au contenu des intestins leur couleur particulière. Il se peut que vous ayez eu vous-même une jaunisse et vous savez donc combien on se sent mal lorsque la bile ne peut pas passer du foie dans les intestins, dans ce cas à cause du gonflement inflammatoire du petit conduit qui la transporte. La bile (en cas de jaunisse) va dans votre sang au lieu de passer dans vos intestins et vous rend toute jaune. Par contre, lorsque la bile prend le bon chemin et qu'elle passe au bon moment du foie aux intestins, le bébé se sent bien.

Maintenant, si vous consultez un livre de physiologie, vous pourrez découvrir tout ce qui se passe lorsque le lait continue à être digéré, mais, en tant que mère, ces détails n'ont pas d'importance. Ce qui importe, c'est que les gargouillis indiquent que le moment où l'enfant est sensible a pris fin et que la nourriture est maintenant réellement à l'intérieur. Du point de vue du nourrisson, ce nouveau stade ne peut être qu'un mystère car la physiologie dépasse son esprit. *Nous* savons cependant que la nourriture est absorbée à partir des intestins de différentes manières et qu'elle est finalement distribuée à tout le corps. Le sang l'amène à chaque parcelle des tissus qui ne cessent de croître. Chez un bébé, ces tissus croissent à un rythme extraordinaire et ils ont besoin d'être approvisionnés de façon répétée.

6. La fin du processus de la digestion

Au cours de la dernière causerie, j'ai décrit ce qui arrive au lait qui est avalé, digéré et absorbé. Puis, dans les intestins du bébé, beaucoup de choses se passent qui n'intéressent pas la mère et, du point de vue du bébé, toute cette partie du processus est un mystère. Progressivement, toutefois, le bébé est à nouveau impliqué dans le dernier stade, que nous appelons l'excrétion. La mère l'est également et elle peut mieux jouer son rôle si elle sait ce qui se passe.

Le fait est que toute la nourriture n'est pas absorbée. Même un lait maternel parfaitement bon laisse une sorte de résidu et, en tout cas, il faut tenir compte de l'usure normale des intestins. D'une façon ou d'une autre, il y a beaucoup de restes dont il faut se débarrasser.

Les différents éléments qui entrent dans la formation des selles descendent vers la partie inférieure des intestins jusqu'à l'ouverture que nous appelons l'anus. Comment cela se passe-t-il ? Eh bien, les matières sont véhiculées par une série de contractions, ce qui les fait circuler tout le long des intestins vers le bas. Soit dit en passant, savez-vous que la nourriture doit passer à l'intérieur d'un boyau étroit qui, chez un adulte, a environ sept mètres de longueur ? Chez un bébé, les intestins ont une longueur d'environ quatre mètres.

J'entends quelquefois des mères me dire : « La nourriture ne fait que le traverser, docteur. » La mère a l'impression que dès qu'elle nourrit son bébé, la nourriture ressort à l'autre bout. Il semble qu'il en soit ainsi, mais ce n'est pas vrai. Ce qui se passe, c'est que les intestins du bébé sont très sensibles et que l'absorption de nourriture a une action sur les ondes de contraction intestinales. Lorsque celles-ci atteignent la partie inférieure, une selle est évacuée. Normalement, la dernière partie des intestins, le rectum, est plus ou moins vide. Ces ondes de contraction s'activent lorsqu'une grande quantité de matières circule, ou lorsque le bébé est excité, ou lorsque les intestins sont enflammés par une maladie infectieuse. Peu à peu, et seulement peu à peu, le nourrisson arrive à les contrôler et je désire vous dire comment cela se passe.

Supposons, pour commencer, que le rectum se remplit tout simplement parce qu'une grande quantité de résidus est sur le point d'être évacuée. Le stimulus véritable des mouvements intestinaux vient probablement du processus de la digestion mis en route par la dernière tétée. Tôt ou tard, le rectum se remplit. Le bébé n'a pas ressenti l'existence des matières lorsqu'elles se trouvaient plus haut, mais le remplissage du rectum est à l'origine d'une sensation définie qui n'est pas désagréable et qui fait que le bébé désire avoir immédiatement une selle. Au début, il ne faut pas nous attendre à ce qu'il la conserve dans le rectum. Vous ne savez que trop bien que, dans les premiers stades des soins maternels, changer et laver les couches est un travail qui revient tout le temps. Puisque les bébés doivent être vêtus, il faut donc changer fréquemment les couches. Autrement, la selle qui reste longtemps en contact avec la peau provoque des rougeurs. Cela est particulièrement vrai si, pour une raison ou une autre, la selle est venue rapidement et est par conséquent liquide. Un apprentissage précoce de la propreté ne permet pas de se débarrasser de cette histoire de couches. Si vous continuez à faire ce travail et à patienter, des choses commenceront alors à se passer.

Vous voyez, si au dernier stade la selle est retenue dans le rectum par le bébé, elle devient solide. L'eau est absorbée et les matières restent là. La selle se présente alors sous une forme solide et il se peut que le bébé éprouve du plaisir à son passage. En fait, il se peut que l'excitation soit telle juste au moment du passage que le bébé pleure parce que la sensation est trop forte. Comprenez-vous ce que vous faites en laissant le bébé décider (bien que vous l'aidiez dans la mesure où il ne peut faire cela tout seul)? Vous lui offrez toutes les chances de découvrir, par l'expérience, qu'il semble bon d'amasser les matières et d'attendre un peu avant de s'en débarrasser. Vous lui permettez même de découvrir que le résultat est intéressant et qu'en fait la défécation peut être une expérience extrêmement satisfaisante si tout va bien. L'établissement de cette attitude saine du bébé à cet égard est le seul bon fondement pour tout ce que vous pouvez désirer entreprendre en matière d'apprentissage de la propreté à une date ultérieure.

Peut-être quelqu'un vous a-t-il dit de laisser régulièrement votre bébé à l'air après les repas, ceci dès le commencement, l'idée étant d'obtenir un apprentissage de la propreté aussitôt que possible. Si vous faites cela, vous devriez savoir que vous ne faites rien d'autre que d'essayer de vous épargner l'ennui de couches sales. Évidemment, il y a beaucoup à dire en faveur de cela, mais le bébé n'est pas encore prêt à apprendre la propreté. Si vous ne lui permettez jamais de se développer à son rythme, vous contrariez les débuts d'un processus naturel. Vous vous privez également de choses bonnes. Par exemple, si vous attendez, vous découvrirez tôt ou tard que le bébé, qui est couché là dans son berceau, trouve un moyen de vous faire savoir qu'il a eu une selle. Vous serez alors au début d'une relation nouvelle avec lui. Il ne peut communiquer avec vous à la manière d'un adulte, mais il a trouvé une façon de parler sans mots. C'est comme s'il disait : « Je crois que je vais avoir une selle. Cela t'intéresse-t-il ? » et vous (sans vous exprimer exactement ainsi), vous répondez « oui » et vous lui faites savoir que, si vous êtes intéressée, ce n'est pas parce que vous avez peur qu'il se salisse, ce n'est pas parce que vous avez le sentiment que vous devriez lui apprendre à être propre. Si vous êtes intéressée, c'est parce que vous aimez votre bébé de la manière dont les mères les aiment, de sorte que tout ce qui est important pour le bébé l'est également pour la mère. Aussi, ne vous inquiétez pas si vous n'arrivez que tardivement à cela, car ce qui importe ce n'est pas tant d'avoir un bébé propre que de répondre à l'appel d'un être humain qui vous est proche.

Plus tard, cet aspect de votre relation avec le bébé s'enrichira. Quelquefois, le bébé sera effrayé de la selle qui s'annonce, quelquefois il aura le sentiment qu'il s'agit de quelque chose de valable. Parce que ce que vous faites se fonde sur le simple fait de votre amour, vous deviendrez vite capable d'établir une différence entre les moments où vous l'aidez à se débarrasser de choses mauvaises et ceux où vous recevez des présents.

Un point pratique mérite d'être mentionné ici. Lorsqu'une belle selle satisfaisante est passée, il se peut que vous pensiez que c'est la fin, vous rhabillez le bébé et vous continuez à faire ce que vous faisiez. Le bébé, toutefois, peut manifester à nouveau un sentiment d'inconfort et salir aussitôt la couche propre. Il arrive très souvent qu'une première évacuation du rectum soit suivie presque immédiatement par un remplissage. Si vous n'êtes pas pressée et si vous pouvez vous permettre d'attendre, le bébé sera capable de l'évacuer également lorsque les prochaines ondes de contraction se présenteront. Cela peut se produire à plusieurs reprises. Si vous n'êtes pas pressée, vous laissez votre bébé avec un rectum vidé. Cela lui conserve sa sensibilité et la prochaine fois qu'il se remplira, quelques heures plus tard, le bébé reviendra à la même procédure d'une manière naturelle. Les mères qui sont toujours pressées laissent toujours leur bébé avec quelque chose dans le rectum. Les matières sont alors soit évacuées, salissant les couches plus que nécessaire, soit retenues dans le rectum qui devient moins sensible. Dans une certaine mesure, cela contrarie les débuts de la prochaine expérience. Des soins tranquilles, pendant une longue période, sont le fondement naturel d'un sens de l'ordre dans la relation du bébé à l'égard de ses fonctions d'évacuation. Si vous êtes pressée et si vous ne pouvez pas permettre une expérience totale, le bébé commencera dans la confusion. Le bébé qui n'est pas dans la confusion sera capable, plus tard, de vous suivre et d'abandonner peu à peu une partie du plaisir extrême qui est lié au passage d'une selle exactement au moment où l'envie se présente. Le bébé ne fait pas cela simplement pour satisfaire votre désir qu'il se salisse aussi peu que possible, mais à partir d'un désir de vous attendre afin d'entrer en contact avec votre amour lorsque vous vous occupez de tout ce qui le concerne. Beaucoup plus tard, il sera capable de se contrôler : il se salira lorsqu'il voudra vous dominer et il se retiendra jusqu'au moment convenable lorsqu'il voudra vous faire plaisir.

Je pourrais vous parler de nombreux bébés qui n'ont jamais eu la chance de découvrir par eux-mêmes cette affaire importante du passage des selles. Je connais une mère qui n'a pratiquement jamais laissé un de ses bébés avoir une selle naturelle. Sa théorie était qu'une selle dans le rectum empoisonne le bébé d'une façon ou d'une autre — ce qui n'est tout simplement pas vrai. Les bébés et les petits enfants peuvent retenir leurs selles pendant des jours sans être réellement en danger. La mère ne cessait d'intervenir dans le rectum de chaque bébé en se servant de bouts de savon et de lavements et le résultat était plus que chaotique. Elle n'espérait certainement pas pouvoir en faire des enfants heureux qui puissent facilement l'aimer.

Vous vous attendez sans doute à ce que je vous parle aussi de l'autre type d'excrétion, le passage de l'urine Les principes généraux sont les mêmes dans les deux cas.

L'eau est absorbée dans le sang et la quantité qui n'est pas nécessaire est rejetée par les reins du bébé. Elle passe dans la vessie avec des produits résiduels qui s'y trouvent dissous. Le bébé ne sait rien jusqu'à ce que la vessie commence à se remplir et que se manifeste alors un besoin d'éliminer l'urine. Au début, cela est plus ou moins automatique, mais peu à peu le bébé s'aperçoit qu'il est récompensé s'il la conserve un peu. Il trouve alors du plaisir à s'en débarrasser. Cet autre petit plaisir qui se développe enrichit sa vie. Il a le sentiment qu'elle vaut la peine d'être vécue et qu'il fait bon vivre dans son corps.

Le temps passant, vous pouvez utiliser cette découverte du bébé que l'attente est payante, parce que vous apprenez à reconnaître les signes qui vous indiquent que quelque chose va se passer. De plus, vous pouvez enrichir l'expérience du bébé par l'intérêt que vous portez à toute la procédure. Il en viendra à aimer l'attente, à condition qu'elle ne soit pas trop longue, simplement dans le but de conserver tout cela dans le cadre de la relation affectueuse qui existe entre vous deux.

Vous voyez que la mère du bébé est nécessaire pour s'occuper de ses excréments, tout comme elle est nécessaire pour sa nourriture. Seule la mère a le sentiment que cela vaut la peine de suivre en détail les besoins de son bébé, permettant ainsi aux expériences excitantes du corps de devenir partie d'une relation d'amour entre deux personnes, le bébé et elle-même.

Lorsque cela arrive et dure assez longtemps, ce que nous appelons l'apprentissage de la propreté peut suivre sans grandes difficultés, car la mère a gagné le droit à des exigences qui ne dépassent pas les possibilités du bébé.

Nous avons là, à nouveau, un exemple de la manière selon laquelle les fondements de la santé sont établis par une mère normale au cours des soins normaux et aimants qu'elle donne à son bébé.

7. Le bébé en tant que personne

Je me suis demandé par quel bout commencer la description des bébés en tant que personnes. Lorsque la nourriture pénètre dans le bébé, il est facile de voir qu'elle est digérée et qu'une partie en est distribuée à tout le corps. Cette partie est utilisée pour la croissance. Une autre partie est dépensée en énergie et le reste est éliminé d'une façon ou d'une autre. Il s'agit là d'une observation effectuée d'un point de vue physiologique. Mais, si nous observons ce même bébé en nous intéressant à la personne qui se trouve devant nous, nous nous apercevons facilement qu'il existe une expérience imaginative de la nourriture, comparable à l'expérience corporelle. L'une se fonde sur l'autre.

Je pense que vous pouvez déduire beaucoup de choses de l'idée que tout ce que vous faites, parce que vous aimez votre bébé, est incorporé de la même manière que la nourriture. Le bébé construit quelque chose à partir de cela. Et ce n'est pas tout, car il a des phases où il vous utilise et d'autres où il vous rejette, de la même manière que la nourriture. Je m'expliquerai peut-être mieux en le faisant grandir un peu.

Voici un petit garçon de dix mois. Il est assis sur les genoux de sa mère pendant qu'elle me parle. Il est vivant et éveillé et il s'intéresse naturellement aux objets. Au lieu de laisser les choses tourner au désordre, je place un objet attrayant sur le coin de la table, entre l'endroit où je suis assis et celui où la mère se tient. La mère et moi pouvons continuer à parler, mais du coin de l'œil nous observons le bébé. Vous pouvez être sûre qu'un bébé tout simplement normal remarquera l'objet attrayant (disons une cuiller) et l'attrapera. Mais dès qu'il l'aura touché, il sera probablement envahi de réserve. C'est comme s'il pensait : « Il vaudrait mieux que je réfléchisse. Je me demande ce que maman va penser de cet objet. Je ferais mieux de le remettre jusqu'à ce que je sache. » Aussi va-t-il se détourner de la cuiller comme si rien n'était plus loin de ses pensées. Dans quelques instants, pourtant, il s'y intéressera à nouveau et il essaiera de poser son doigt dessus. Il la prendra peut-être et regardera sa mère pour voir ce que ses yeux lui diront. C'est à ce moment-là qu'il me faudra probablement indiquer à la mère ce qu'elle doit faire parce qu'elle risque, suivant le cas, de trop l'aider ou de l'empêcher d'agir. Je lui demande alors de jouer un rôle aussi minime que possible dans ce qui se passe.

Eh bien, le bébé voit peu à peu dans les yeux de sa mère qu'elle ne désapprouve pas cette nouvelle chose qu'il fait, aussi attrape-t-il la cuiller plus fermement et commence-t-il à la faire sienne. Il est cependant encore très tendu parce qu'il n'est pas certain de ce qui se passera s'il fait avec cet objet ce qu'il désire tellement faire. Il ne sait même pas d'une façon certaine ce qu'il veut en faire.

Nous devinons qu'au bout d'un petit moment, il découvrira ce qu'il désire en faire, parce que sa bouche commence à être excitée. Il est encore très calme et pensif, mais commence à saliver. Sa langue paraît molle. Sa bouche commence à désirer la cuiller. Ses gencives commencent à désirer avoir le plaisir de la mordre. Il ne faut pas très longtemps avant qu'il la porte à la bouche. Puis, il éprouve à son égard des sentiments normalement agressifs, semblables à ceux des lions, des tigres et des bébés qui s'emparent de quelque chose de bon. Il fait comme s'il la mangeait.

Nous pouvons maintenant dire que le bébé a pris cette chose et l'a faite sienne. Il a perdu tout le calme qui appartenait à la concentration, aux questions et au doute. Il a maintenant confiance et se trouve très enrichi par sa nouvelle acquisition. Je dirais qu'il l'a mangée en imagination. Tout comme la nourriture va à l'intérieur pour être digérée et devenir partie de lui, ce qui lui appartient en imagination fait maintenant partie de lui et peut être utilisé. Comment?

Eh bien, vous connaissez la réponse car cette situation ne représente qu'un cas particulier de ce qui se passe tout le temps à la maison. Il portera la cuiller à la bouche de sa mère pour la nourrir et il désirera qu'elle joue à la manger. Attention, il ne désire pas qu'elle la morde réellement et il aurait plutôt peur si elle la laissait vraiment entrer dans sa bouche. C'est un jeu, un exercice de l'imagination. Il joue et il invite au jeu. Que fera-t-il d'autre? Il me nourrira et il voudra peut-être que je joue à la manger également. Il fera peut-être aussi un mouvement vers la bouche d'une autre personne se trouvant de l'autre côté de la pièce. Que tout le monde partage cette bonne chose. Il l'a eue. Pourquoi tout le monde ne devrait-il pas l'avoir? Il a une chose avec laquelle il peut se permettre d'être généreux. Maintenant, il la glisse sous le chemisier de la mère, près de sa poitrine, la redécouvre et la reprend. Puis, il la cache sous le buvard et s'amuse à la perdre et à la retrouver. Ou bien, il remarque un bol sur la table et il commence à en extraire une nourriture imaginaire, mangeant sa bouillie en imagination. L'expérience est riche. Elle correspond au mystère du milieu du corps, aux processus de la digestion, au moment entre la perte de la nourriture qui est avalée et la redécouverte des restes, à l'autre bout, sous forme d'excréments et d'urine. Je pourrais continuer pendant longtemps à décrire comment certains bébés montrent qu'ils s'enrichissent en jouant ainsi.

Maintenant, le bébé laisse tomber la cuiller. Je suppose que son intérêt commence à se porter sur autre chose. Je la ramasse et il a la possibilité de la reprendre. Oui, il semble la désirer et il recommence le jeu, utilisant la cuiller comme auparavant, comme un autre morceau de lui-même. Tiens, il l'a laissée tomber à nouveau! Évidemment, ce n'est pas par hasard qu'il la laisse tomber. Peut-être aime-t-il le bruit que fait la cuiller en tombant. Nous allon voir. Je vais la lui tendre à nouveau. Maintenant, il ne fait que la prendre pour la laisser tomber délibérément. La laisser tomber est ce qu il désire faire. Une fois de plus, je la lui redonne et il la jette littéralement. Il recherche maintenant d'autres objets auxquels s'intéresser, il en a fini avec la cuiller, le spectacle est terminé.

Nous avons observé ce bébé manifester un intérêt pour un objet et en faire partie de lui-même, nous l'avons observé en train de l'utiliser pour le rejeter ensuite. Cela se passe tout le temps à la maison, mais la scène est plus évidente dans ce contexte particulier qui donne au bébé le temps de se livrer entièrement à une expérience.

Qu'avons-nous appris en observant ce petit garçon ?

D'une part, nous avons assisté à une expérience complète. Grâce à la situation contrôlée, il y avait, dans ce qui se passait, un commencement, un milieu et une fin. Il y avait un événement complet. *Cela est bon pour le bébé.* Lorsque vous êtes pressée, ou harassée, vous ne pouvez pas permettre des *événements complets* et votre bébé en est appauvri. Par contre, lorsque vous avez le temps, comme cela devrait être le cas quand on s'occupe d'un bébé, vous pouvez les permettre. Ces événements complets permettent aux bébés de prendre conscience du temps. Les bébés ne savent pas, au début, que lorsqu'une chose se passe, elle prendra fin.

Comprenez-vous qu'on ne peut prendre du plaisir au milieu des choses (ou les supporter si elles sont mauvaises) que si le sentiment que les choses commencent et finissent s'établit fermement ?

En donnant du temps à votre bébé pour des expériences complètes et en y participant, vous fondez peu à peu, en fin de compte, l'aptitude de l'enfant à jouir sans précipitation de toutes sortes d'expériences.

Il y a encore une autre chose que nous pouvons déduire de l'observation de ce bébé avec la cuiller. Nous avons alors vu le doute et l'hésitation se manifester au début d'une nouvelle aventure. Nous avons observé l'enfant en train de tendre le bras, de toucher et de tenir la cuiller, puis cessant temporairement de s'y intéresser après la première réaction simple. Ensuite, en testant soigneusement les sentiments de la mère, il permettait à son intérêt de revenir, mais il était tendu et incertain jusqu'à ce qu'il ait mis la cuiller à la bouche et l'ait mâchée.

Au début, si vous êtes là, votre bébé est prêt à vous consulter lorsque survient une situation nouvelle. C'est pourquoi il vous sera nécessaire de déterminer clairement ce que le bébé peut toucher et ce qu'il ne doit pas toucher. La manière la plus simple est souvent la meilleure. Elle consiste à éviter d'avoir autour du bébé des objets qu'il ne doit pas prendre et porter à la bouche. Voyez-vous, le bébé essaie de parvenir aux principes qui déterminent vos décisions, afin de pouvoir, en fin de compte, prévoir ce que vous permettez. Un peu plus tard, les mots vous aideront et vous direz : « c'est trop pointu », « trop chaud » ou vous indiquerez d'une autre manière le danger corporel. Ou bien vous aurez une manière à vous de lui faire savoir que votre bague de fiançailles, que vous avez retirée pour faire la lessive, n'est pas placée là pour qu'il s'amuse avec.

Voyez-vous comment vous pouvez aider votre bébé à éviter la confusion quant à ce qu'il est bon ou mauvais de toucher ? Vous faites cela tout simplement en étant précise vous-même quant à ce que vous défendez — et pourquoi — et en étant là, sur les lieux, protégeant plutôt que soignant. Par ailleurs, vous lui donnez délibérément des objets qu'il aimera manier et mâcher.

Autre chose. Nous pourrions parler de ce que nous avons vu et juger de l'adresse du bébé qui apprend à aller vers les objets, à les trouver, à les attraper et à les mettre dans la bouche. Je suis surpris lorsqu'un bébé de six mois accomplit toute l'opération. D'un autre côté, les intérêts d'un enfant de quatorze mois sont trop variés pour que nous puissions nous attendre à observer les choses aussi clairement qu'avec notre bébé de dix mois.

Je pense enfin que la meilleure chose que nous avons

apprise en observant ce bébé est la suivante : *ce qui se passait nous a fait voir qu'il n'est pas seulement un corps. Il est une personne.*

Les âges auxquels l'adresse se développe de diverses manières sont intéressants à noter, mais dans ce que nous avons observé, il y avait plus que de l'adresse. Il y avait un jeu. En jouant, le bébé montrait qu'il avait construit quelque chose en lui-même, que nous pourrions appeler un matériel pour le jeu, il témoignait d'un monde intérieur de vie imaginative qui s'exprimait dans le jeu.

Qui peut dire quand commence cette vie imaginative du nourrisson qui enrichit l'expérience corporelle et est enrichie par elle? A trois mois, un bébé peut désirer mettre un doigt dans la bouche de sa mère, jouant à la nourrir pendant qu'il tète. Que se passe-t-il durant les premières semaines? Qui le sait? Un tout petit bébé peut avoir envie de sucer son poing ou son pouce pendant qu'il se nourrit au sein ou au biberon (possédant le gâteau et le mangeant pour ainsi dire) et cela indique qu'il y a quelque chose de plus qu'un simple besoin de satisfaire la faim.

Mais à qui est destinée cette causerie? Les mères n'ont pas de difficultés à percevoir la personne dans leur bébé, dès le commencement. Il y a cependant des gens qui vous diront que jusqu'à six mois les bébés ne sont que des corps et des réflexes. Ne vous laissez pas égarer par les personnes qui parlent ainsi, voulez-vous?

Ayez du plaisir à découvrir ce qu'il y a à découvrir dans la personne de votre bébé lorsque quelque chose se passe, car le bébé le réclame cela de vous. C'est ainsi que vous serez prête à attendre sans hâte, sans embarras, sans impatience, la disposition de votre bébé à jouer. C'est elle qui, par dessus tout, indique chez lui l'existence d'une vie intérieure. Si elle correspond chez vous à une même disposition, la richesse intérieure du bébé s'épanouit et votre jeu mutuel devient la meilleure part de la relation qui existe entre vous deux.

8. La mère qui nourrit

Dans une causerie précédente, j'ai dit que le bébé apprécie, peut-être dès le tout début, la *vie* de la mère. Le plaisir que la mère prend dans ce qu'elle fait pour son bébé indique très vite à celui-ci qu'il existe un être humain derrière ce qui est fait pour lui. Mais ce qui, en fin de compte, fait que le bébé perçoit la personne dans la mère, c'est peut-être l'aptitude particulière de celle-ci à se mettre à la place de son bébé et à connaître ainsi ce qu'il ressent. Aucun enseignement livresque ne peut remplacer ce sentiment qu'une mère éprouve à l'égard des besoins de son nourrisson, sentiment qui, par moments, lui permet de s'adapter presque exactement à ces besoins.

J'illustrerai cela par l'observation de la manière dont les tétées sont données et en comparant deux bébés. L'un est nourri chez lui par la mère et l'autre dans un établissement, un bel endroit, mais un endroit où les infirmières ont beaucoup à faire et où on n'a pas le temps d'accorder une attention individuelle.

Je prendrai, pour commencer, le bébé placé dans un établissement. Les infirmières qui travaillent dans un hôpital et qui me lisent (celles qui, en fait, nourrissent individuellement les bébés qui leur sont confiés) doivent me pardonner d'utiliser le pire et non le meilleur de ce qu'elles peuvent faire.

Voici donc le bébé dans un établissement à l'heure de la tétée. Il ne sait pas encore à quoi il doit s'attendre. Ce bébé que nous étudions ne sait pas grand-chose des biberons et des personnes, mais il est prêt à croire que quelque chose de satisfaisant peut arriver. Il est calé un petit peu dans le berceau et un biberon de lait est placé sur l'oreiller de manière qu'il arrive près de sa bouche. L'infirmière met la tétine dans la bouche du bébé, attend quelques instants, puis va s'occuper d'un autre bébé qui pleure. Au début, les choses peuvent se passer assez bien car le bébé est stimulé par la faim. Il suce la tétine, le lait vient et il est bon. Mais voilà que cette chose se met à coller dans sa bouche, devenant en quelques instants une sorte de menace énorme pour son existence. Le bébé pleure et se débat, le biberon tombe, ce qui amène un soulagement, mais seulement pendant un petit moment car il a encore faim. Le biberon ne revenant pas, il recommence à pleurer. Au bout d'un moment, l'infirmière revient et remet le biberon dans sa bouche; seulement le biberon qui, de notre point de vue, paraît identique à ce qu'il était, semble devenu une chose mauvaise pour le bébé. Il est devenu dangereux. Et cela continue sans cesse.

Passons maintenant à l'autre extrême, au bébé dont la mère est disponible. Lorsque j'observe avec quelle délicatesse agit une mère qui n'est pas angoissée, j'en suis toujours étonné. Elle est là qui installe le bébé confortablement et qui prépare le *cadre* dans lequel la tétée peut avoir lieu, si tout va bien. Le cadre fait partie d'une relation humaine. Si la mère nourrit au sein, nous voyons qu'elle laisse à son bébé, même à un tout petit, la liberté de ses mains de façon qu'il puisse sentir la texture de sa peau et sa chaleur lorsqu'elle offrira le sein. De plus, la distance du sein au bébé peut être réglée. Le bébé n'a, en effet, qu'un petit morceau du monde dans lequel placer les objets, le morceau qui peut être atteint par la bouche, les mains et les yeux. La mère laisse le visage du bébé toucher le sein. Au début, les bébés ne savent pas que les seins font partie de la mère. Au début, si leur visage touche le sein, ils ne savent pas si le sentiment de confort commence dans le sein ou dans le visage. En fait, les bébés jouent avec leurs joues et les égratignent comme si c'étaient des seins et il est très raisonnable qu'une mère permette tout le contact qu'un bébé désire. Il n'y a aucun doute que les sensations d'un bébé à cet égard sont très vives et si elles le sont, nous pouvons être sûrs qu'elles sont importantes.

Le bébé a besoin avant tout de toutes ces expériences plutôt *paisibles* que je décris et il a besoin d'être pris avec amour, c'est-à-dire d'une façon vivante, sans embarras, sans angoisse et sans tension. Voilà le cadre. Tôt ou tard, il y aura un certain contact entre le mamelon de la mère et la bouche du bébé. Peu importe ce qui se passe exactement. La mère est présente dans le cadre, elle en fait partie et elle aime particulièrement l'intimité de cette relation. Elle n'a pas de notions préconçues quant à la manière dont le bébé devrait se comporter.

Ce contact du mamelon avec la bouche du bébé donne des idées au bébé! « Peut-être y a-t-il là, en dehors de la bouche, quelque chose qui vaut la peine d'être trouvé. » La salive commence à couler. Tant de salive peut couler, en fait, que le bébé peut prendre plaisir à l'avaler et ne pas ressentir pendant un moment le besoin de lait. Peu à peu, la mère lui permet de construire en imagination la chose même qu'elle lui offre et il commence à mettre le mamelon dans sa bouche, à aller jusqu'à sa racine et à le mordre, et peut-être à le sucer.

Puis vient une pause. Les gencives se détachent du mamelon et le bébé se détourne de la scène qui se joue. L'idée du sein s'évanouit.

Comprenez-vous l'importance de ce dernier moment? Le bébé avait une idée et le sein est venu avec le mamelon, un contact a été établi. Puis, le bébé en a terminé avec l'idée, il s'est détourné et le mamelon a disparu. C'est la manière la plus importante selon laquelle l'expérience du bébé que nous décrivons maintenant diffère de celle du bébé que nous avons situé dans un établissement où les gens sont occupés. Comment la mère réagit-elle au détournement du bébé? Celui-ci n'a pas un objet qui est remis dans sa bouche afin que les mouvements de succion recommencent. La mère comprend ce qu'il ressent parce qu'elle est vivante et qu'elle a une imagination. Elle attend. D'ici quelques minutes, quelquefois moins, le bébé se tourne à nouveau vers l'endroit où elle a toujours désiré placer le mamelon. Un nouveau contact est ainsi établi, juste au bon moment. Ces conditions sont répétées de temps en temps et le bébé boit non à partir d'un objet qui contient du lait, mais d'une possession personnelle prêtée pour la circonstance à une personne qui sait quoi en faire.

Le fait que la mère soit capable de s'adapter si délicatement montre qu'elle est un être humain et le bébé ne met pas longtemps à s'en apercevoir.

Je désire insister particulièrement sur la manière dont la mère, dans notre seconde illustration, laisse le bébé se détourner. C'est surtout là, lorsqu'elle retire le mamelon au moment où le bébé cesse de le désirer ou d'y croire, qu'elle s'établit en tant que mère. Au début, il s'agit d'une opération si délicate que la mère ne réussit pas toujours et quelquefois un bébé manifestera le besoin d'établir son droit à une existence personnelle en refusant la nourriture, en détournant la tête ou en dormant. Cette situation est très décevante pour une mère qui désire tellement continuer à être généreuse. Quelquefois, elle ne peut supporter la tension de ses seins (à moins que quelqu'un ne lui ait montré comment tirer le lait afin de pouvoir attendre que le bébé revienne vers elle). Pourtant, si les mères savaient que ce détournement du bébé loin du sein ou du biberon a une valeur, elles seraient capables de manier ces phases difficiles. Elles comprendraient le détournement ou le sommeil comme une indication de soins particuliers. Cela signifie que tout doit être fait pour fournir un bon cadre au moment de la tétée. La mère doit être à l'aise. Le bébé doit être à l'aise. Puis, il faut du temps. Et les bras du bébé doivent être libres. Le bébé doit avoir de la peau libre avec laquelle sentir la peau de la mère. Il se peut même qu'un bébé ait besoin d'être mis tout nu contre le corps nu de sa mère. Si des difficultés surgissent, la seule chose qui soit tout à fait inutile, c'est d'essayer de forcer la tétée. En cas de difficultés, l'espoir d'établir une bonne expérience de la tétée ne viendra que si l'on donne au bébé le cadre qui lui permet de trouver le sein. Des échos de tout cela peuvent apparaître plus tard dans les expériences du nourrisson.

Pendant que je suis sur ce sujet, je voudrais parler de la situation de la mère dont le bébé vient de naître. Elle a traversé une expérience grave et angoissante et elle continue à avoir besoin d'être aidée par des mains expertes. Elle est encore soignée par ceux qui l'ont assistée au moment de la naissance. Des raisons existent donc qui la rendent, juste en ce moment, particulièrement susceptible de se sentir dépendante et d'être sensible aux avis de toute femme importante qui se trouve là, que ce soit la surveillante de l'hôpital, la sage-femme, sa propre mère ou sa belle-mère. Elle est donc dans une situation difficile. Elle s'est préparée à ce moment pendant neuf mois et, pour des raisons que j'ai essayé d'expliquer, elle est celle qui sait le mieux que faire pour que son bébé prenne le sein. Pourtant, si les autres qui en savent tant sont têtues, on ne peut pas s'attendre à ce qu'elle leur fasse opposition, certainement pas avant d'avoir eu deux ou trois bébés et beaucoup d'expérience. L'idéal, naturellement, est la relation heureuse qui existe souvent entre les infirmières de maternité, la sage-femme et la mère.

Si cette relation heureuse existe, la mère a toutes les chances de manier le premier contact avec le bébé à sa façon. Le bébé est à côté d'elle, endormi la plupart du temps et elle peut jeter un œil sur le berceau à côté du lit pour voir si elle a un joli bébé. Elle s'habitue à ses pleurs. Si ceux-ci la dérangent, le bébé est temporairement éloigné pendant qu'elle dort, mais on le lui ramène. Puis, lorsqu'elle sent que le bébé désire être nourri ou qu'il désire peut-être un contact général avec son corps, on l'aide à le prendre dans ses bras et à le tenir. C'est pendant cette sorte d'expérience que commence un contact particulier entre le visage, la bouche, les mains du bébé et ses seins.

On entend parler de jeunes mères qui sont surprises. On ne leur explique rien. Le bébé est tenu à l'écart dans une autre pièce, avec d'autres bébés peut-être, sauf au moment des tétées. Il y a toujours un bébé qui pleure, si bien que la mère n'apprend jamais à connaître les pleurs de son propre bébé. Au moment des tétées, les bébés sont amenés et tendus à leur mère, étroitement enveloppés dans une serviette. La mère est censée prendre ce drôle d'objet et le nourrir au sein (c'est à dessein que je parle d'un objet), mais elle ne sent pas la vie emplir ses seins, pas plus que le bébé n'a la chance d'explorer et d'avoir des idées. On entend même parler des personnes qui veulent soi-disant aider et qui, exaspérées lorsque le bébé ne commence pas à téter, lui mettent pour ainsi dire le nez dedans. Certains bébés connaissent cette expérience horrible.

Même les mères doivent apprendre par l'expérience comment être maternelles et je pense que c'est beaucoup mieux si elles voient les choses ainsi. L'expérience les fait mûrir. Si elles voient les choses par l'autre bout et pensent qu'elles doivent travailler dur dans des livres pour savoir comment être une mère parfaite dès le début, elles seront sur le mauvais chemin. A long terme, ce dont nous avons besoin, c'est de mères, et de pères, qui ont découvert comment croire en eux-mêmes. Ces mères et leur mari fondent les meilleurs foyers dans lesquels les bébés puissent grandir et se développer.

9. Pourquoi les bébés pleurent-ils ?

Nous avons réfléchi sur quelques points très clairs relatifs à votre désir de connaître votre bébé et à son besoin d'être connu. Les bébés ont besoin du lait et de la chaleur de la mère et également de son amour et de sa compréhension. Si vous connaissez votre bébé, vous serez en mesure de lui apporter l'aide qu'il désire, exactement au moment où il la désire. Et comme personne ne peut connaître un bébé aussi bien que sa mère, personne, sinon vous, ne peut l'aider comme il faut. Étudions maintenant les moments où il paraît demander une aide particulière, c'est-à-dire lorsqu'il pleure.

Comme vous le savez, la plupart des bébés pleurent beaucoup et il vous faut constamment prendre la décision de le laisser pleurer, de le calmer ou de le nourrir, de dire au père de s'en occuper à son tour, ou encore de le montrer à la voisine qui connaît si bien les enfants — ou qui pense les connaître. Vous souhaitez probablement que je puisse vous indiquer tout simplement quoi faire ; mais, s'il en était ainsi, vous diriez : « Quel vieux fou. Il y a tellement de raisons pour lesquelles un bébé peut pleurer que vous ne pouvez pas dire ce qu'il faut faire avant d'avoir découvert la cause de ses pleurs. » C'est tout à fait exact et c'est pourquoi je vais essayer de passer en revue avec vous ses raisons de pleurer.

Disons qu'il y a quatre manières de pleurer, car c'est plus ou moins vrai. Tout ce que nous avons à dire peut entrer dans les quatre définitions suivantes : satisfaction, douleur, rage, chagrin. Vous voyez que je dis vraiment des choses tout à fait normales et évidentes — ce que sait naturellement la mère de tout bébé, bien qu'habituellement elle n'essaie pas d'exprimer son savoir à l'aide de mots.

Je ne dirai rien de plus que cela : ou bien les pleurs donnent au bébé le sentiment qu'il exerce ses poumons (satisfaction), ou bien il s'agit d'un signal de détresse (douleur), ou bien d'une expression de colère (rage), ou encore d'un chant de tristesse (chagrin). Si vous acceptez cela comme hypothèse de travail, je peux expliquer exactement ce que je veux dire.

Vous trouverez peut-être qu'il est drôle que je parle d'abord de pleurer de satisfaction, presque pour le plaisir, car tout le monde pense qu'un bébé qui pleure doit, dans une certaine mesure, éprouver de la détresse. Je pense pourtant que c'est la première chose à dire. Il nous faut reconnaître que du plaisir entre dans les pleurs, de même que dans l'exercice de toute fonction corporelle. On pourrait dire, par conséquent, qu'une certaine quantité de pleurs est satisfaisante pour le bébé, tandis qu'une quantité moindre ne serait pas suffisante.

Il arrive qu'une mère me dise : « Mon bébé pleure rarement, sauf immédiatement avant d'être nourri. Naturellement, il pleure pendant une heure tous les jours, entre quatre et cinq heures, mais je pense qu'il aime ça. Il n'a pas réellement mal et je lui fais voir que je suis là, mais je n'essaie pas particulièrement de le consoler. »

Quelquefois, il vous arrive d'entendre des personnes dire qu'il ne faut jamais prendre un bébé qui pleure. Nous nous occuperons d'elles plus tard. D'autres vous diront qu'un bébé ne devrait jamais pleurer. J'ai le sentiment que ces personnes disent probablement aux mères de ne pas laisser les bébés mettre leur poing dans la bouche ou de sucer leur pouce ou une tétine, ou de jouer avec le sein lorsque la tétée sérieuse est terminée. Elles ne savent pas que les bébés ont (et doivent avoir) leur propre manière de faire face à leurs propres maux.

En tout cas, les bébés qui pleurent peu ne poussent pas nécessairement mieux, parce qu'ils ne pleurent pas, que ceux qui s'époumonnent et, personnellement, si j'avais à choisir entre les deux extrêmes, je parierais sur le bébé qui pleure, qui en est venu à connaître toute l'étendue de sa capacité de faire du bruit, à condition qu'on ne laisse pas trop souvent ses pleurs se transformer en désespoir.

Ce que je veux dire, c'est que, du point de vue du nourrisson, tout exercice du corps est bon. La respiration en elle-même, une réussite nouvelle pour le nouveau-né, peut être très intéressante jusqu'à ce qu'elle devienne naturelle. Crier, hurler et pleurer sous toutes leurs formes sont vraiment des choses excitantes. Reconnaître ce fait, c'est-à-dire la valeur des pleurs, a son importance. Cela nous permet de voir que les pleurs fonctionnent comme un réconfort lorsque quelque chose va mal. Les bébés pleurent parce qu'ils sont angoissés ou parce qu'ils ont peur et cela a un effet. Les pleurs sont très utiles et nous devons donc reconnaître qu'ils ont du bon. Parler vient plus tard, ainsi que le temps où le bébé en viendra à battre le tambour.

Vous savez comment votre bébé utilise son poing ou son pouce, comment il les met dans sa bouche, trouvant ainsi un moyen de supporter la frustration. Eh bien, les pleurs sont comme un poing qui vient de l'intérieur. Et personne ne peut les contrarier. Vous pouvez éloigner les mains du bébé de sa bouche, mais vous ne pouvez pas lui faire rentrer ses pleurs à l'intérieur. Vous ne pouvez pas empêcher tout à fait votre bébé de pleurer et j'espère que vous n'essaierez pas. Si vous avez des voisins qui ne peuvent pas supporter ce bruit, vous n'avez pas de chance parce qu'il vous faut prendre des mesures pour faire cesser les pleurs, compte tenu de *leurs* sentiments, ce qui est une chose différente de l'étude des raisons pour lesquelles votre bébé pleure — étude qui vise à prévenir ou à faire cesser uniquement les pleurs qui ne sont pas utiles et peut-être nuisibles.

Les médecins disent que le cri vigoureux du nouveau-né est un signe de santé et de vigueur. Eh bien, les pleurs continuent à être un signe de santé et de vigueur, une manifestation précoce d'éducation physique. Ils sont l'exercice d'une fonction, satisfaisante en soi et même plaisante. *Mais ils sont aussi beaucoup plus que cela.* Nous en venons donc aux autres formes de pleurs.

Personne ne trouvera la moindre difficulté à reconnaître les pleurs de douleur, cette manière naturelle de vous faire savoir que votre bébé a mal et qu'il a besoin de votre aide.

Lorsqu'un bébé a mal, il émet un son aigu ou perçant et il donne souvent, en même temps, une indication de l'endroit douloureux. Si, par exemple, il a une colique, il agite les jambes. S'il a mal à l'oreille, il porte la main vers celle qui est douloureuse. Si c'est une lumière vive qui le gêne, il se peut qu'il détourne la tête. Les bruits importants le laissent désemparé.

En eux-mêmes, les pleurs de douleur ne procurent pas de plaisir au bébé et personne ne le penserait parce qu'ils éveillent immédiatement chez les gens le besoin de faire quelque chose pour lui.

Une sorte de douleur est la faim. Je pense en effet que la faim est vraiment ressentie par le bébé comme une douleur. La faim lui fait mal d'une manière qui est facilement oubliée par les adultes qui n'en souffrent que très rarement. Je pense que de nos jours, dans les Iles Britanniques, très peu de gens savent ce que c'est que d'avoir faim et d'en souffrir. Pensez à tout ce que nous faisons, même en temps de guerre, pour assurer l'approvisionnement en nourriture. Nous nous demandons ce que nous allons manger, mais rarement si nous allons manger. Et si nous manquons de quelque chose que nous aimons, nous cessons de le désirer plutôt que de continuer à le désirer sans pouvoir l'obtenir. Nos bébés, cependant, ne connaissent que trop bien les douleurs et les affres d'une grande faim. Les mères aiment que leur bébé soit gentil et gourmand, elles aiment sentir son excitation lorsqu'il perçoit les bruits, les images et les odeurs qui annoncent l'arrivée d'un repas. Et le bébé excité éprouve de la douleur et la montre en pleurant. Cette douleur est vite oubliée si elle est suivie par un repas satisfaisant.

Ces pleurs de douleur s'entendent n'importe quand

après la naissance du bébé. Puis, tôt ou tard, nous remarquons que le bébé pleure d'une autre manière. Il s'agit de pleurs d'appréhension et je pense que cela veut dire que le bébé en vient à connaître une chose ou deux. Il sait que, dans certaines circonstances, il doit *s'attendre* à souffrir. Lorsque vous commencez à le déshabiller, il sait qu'il va sortir de sa chaleur confortable, il sait que sa position sera modifiée de telle ou telle manière et que tout sentiment de sécurité sera perdu. Alors, il pleure lorsque vous défaites le premier bouton. Il a mis deux et deux ensemble, il a eu des expériences et une chose lui en rappelle une autre. Bien entendu, tout ceci devient de plus en plus complexe au fur et à mesure que le temps passe et que le bébé grandit.

Comme vous le savez, un bébé pleure quelquefois lorsqu'il s'est sali. Ceci pourrait indiquer que le bébé n'aime pas être sale (bien sûr, s'il reste sale longtemps, sa peau s'irritera et lui fera mal), mais habituellement cela ne signifie rien de la sorte. Cela veut dire qu'il craint le dérangement qui en est la conséquence et qu'il connaît. L'expérience lui a appris que les quelques minutes suivantes amèneront une absence de confort, c'est-à-dire qu'il sera découvert, changé de position et qu'il aura froid.

Ce qui est à la base des pleurs d'inquiétude, c'est la douleur et c'est pourquoi les pleurs semblent les mêmes que dans le cas précédent, mais il s'agit alors d'une douleur dont on se souvient et à laquelle on s'attend. Une fois qu'un bébé a éprouvé une douleur vive, il se peut que la peur le fasse pleurer lorsque se produit un événement qui menace de lui faire endurer la même douleur. Et très vite, il commence à élaborer des idées, certaines d'entre elles effrayantes. Là encore, s'il pleure, le mal vient de ce que quelque chose lui rappelle la douleur, bien que ce quelque chose puisse être imaginaire.

Si vous ne faites que commencer à réfléchir à tout ceci, il vous semblera peut-être que je complique les choses et que je les rends difficiles, mais je ne peux pas m'en empêcher. Heureusement, ce qui suit est facile car, sur ma liste, la troisième cause des pleurs est la rage.

Nous savons tous ce que c'est que d'être en colère et nous savons tous à quel point la colère, lorsqu'elle est très intense, paraît quelquefois nous posséder si bien que, pendant un certain temps, nous ne pouvons pas nous contrôler. Votre bébé sait très bien se mettre en colère. Quoi que vous fassiez, il y aura des moments où vous le décevrez et il pleurera de colère. Votre consolation, selon moi, c'est que les cris de colère signifient probablement qu'il croit en vous. Il espère pouvoir vous changer. Un bébé qui a perdu la faculté de croire ne se met pas en colère, il s'arrête simplement de désirer ou bien il pleure d'une manière triste et désillusionnée. Il peut aussi commencer à se cogner la tête contre l'oreiller, contre le mur ou le plancher, ou bien encore exploiter les ressources de son corps.

Il est sain qu'un bébé apprenne à connaître toute l'étendue de sa rage. Voyez-vous, il ne se *sent* certainement pas inoffensif lorsqu'il est en colère. Vous savez à quoi il ressemble. Il hurle, il donne des coups de pied et, s'il est assez grand, il se met debout et secoue les barreaux de son lit. Il mord et il griffe. Il peut cracher, vomir ou se salir. S'il est réellement convaincu, il peut retenir sa respiration, devenir bleu et même avoir une convulsion. Pendant quelques minutes, il a réellement l'intention de détruire les personnes et les choses ou, du moins, de leur faire du mal. Peu lui importe s'il se détruit en même temps. Ne voyez-vous pas que chaque fois qu'un bébé traverse cette expérience, il gagne quelque chose? Si un bébé pleure de rage et éprouve le sentiment d'avoir détruit tout le monde et toutes les choses et si néanmoins les gens autour de lui restent calmes et entiers, cette expérience renforce beaucoup son aptitude à voir que ce qu'il éprouve comme vrai n'est pas nécessairement réel, que le rêve et les faits — qui tous deux sont importants — diffèrent néanmoins les uns des autres. Il n'est absolument pas nécessaire que vous essayiez de le mettre en colère pour la raison très simple qu'il y a beaucoup d'occasions où vous ne pourrez pas vous en empêcher, que cela vous plaise ou non.

Certaines personnes passent leur vie à avoir peur de se mettre en colère, peur de ce qui serait arrivé si, étant bébé, elles avaient éprouvé toutes les limites de leur rage. Pour une raison ou une autre, cela n'a jamais été éprouvé à fond. Peut-être leurs mères avaient-elles peur. Par un comportement calme, elles auraient pu prendre confiance, mais elles ont rendu les choses confuses en agissant comme si le bébé en colère était réellement dangereux.

Un bébé en colère est une personne. Il sait ce qu'il veut, il sait comment il peut l'obtenir et il refuse de désespérer. Au début, il sait à peine qu'il a des armes, il n'a pas la notion que ses hurlements font mal, pas plus qu'il ne sait que le fait de se salir est ennuyeux. Au bout de quelques mois, toutefois, il commence à se sentir dangereux, à sentir qu'il peut faire du mal, à sentir qu'il désire faire du mal. Et tôt ou tard, ayant éprouvé personnellement la douleur, il en vient à savoir que les autres peuvent avoir mal et être fatigués.

Vous pouvez retirer un grand intérêt de l'observation, chez votre bébé, des premiers signes qu'il sait qu'il peut vous faire du mal et qu'il a l'intention de vous faire du mal.

J'en viens maintenant à la quatrième des causes des pleurs sur ma liste, le chagrin. Je sais que je n'ai pas besoin de vous décrire la tristesse, pas plus que je n'ai besoin de décrire la couleur à quelqu'un qui n'est pas aveugle. Il ne suffit pourtant pas que je me contente de mentionner la tristesse et que je n'en parle plus, cela pour diverses raisons. L'une est que les sentiments des bébés sont très directs et très intenses et que, nous autres adultes, bien que nous attachions de la valeur à ces sentiments intenses de notre enfance et aimions les retrouver à des moments choisis, avons appris depuis longtemps à nous défendre d'être à la merci de ces sentiments presque insupportables comme nous l'étions lorsque nous étions des bébés. Si la perte de quelqu'un que nous aimons profondément nous cause inévitablement un chagrin douloureux, nous nous installons dans une période de deuil que nos amis comprennent et tolèrent. Et ils s'attendent à ce que nous nous en guérissions tôt ou tard. Nous ne nous livrons pas ouvertement à un chagrin aigu à n'importe quel moment du jour ou de la nuit comme le font les bébés. En fait, nombreuses sont les personnes qui se défendent si bien contre un chagrin douloureux qu'elles ne peuvent pas prendre les choses aussi sérieusement qu'elles le désireraient. Elles ne peuvent pas éprouver les sentiments profonds qu'elles devraient éprouver parce qu'elles ont peur de leur réalité et elles se trouvent incapables de prendre le risque d'aimer une chose ou une personne définie. En écartant le risque, elles peuvent perdre beaucoup, mais elles retirent un bénéfice du fait d'être bien assurées contre le chagrin. Le fait que certaines personnes aiment un film triste qui les fait pleurer montre du moins qu'elles n'en ont pas perdu l'art! Lorsque je parle du chagrin comme de l'une des causes des pleurs, il me faut vous rappeler que vous ne vous souviendrez pas facilement du chagrin qui appartenait à votre propre enfance et que vous ne serez, par conséquent, pas capable de croire au chagrin de votre bébé en sympathisant directement.

Même les bébés peuvent élaborer de puissantes défenses contre la tristesse douloureuse. J'essaie toutefois de vous décrire les pleurs de tristesse qui existent vraiment chez les bébés et que vous avez presque certainement entendus. J'aimerais pouvoir vous aider à voir la place de ces pleurs, leur signification et leur valeur afin que vous sachiez que faire lorsque vous les entendrez.

Quand votre bébé vous montre qu'il peut pleurer de tristesse, je suis d'avis que vous pouvez en déduire que ses sentiments ont beaucoup évolué. Et je dis pourtant, comme je l'ai dit à propos de la rage, qu'il n'y a rien à gagner en *essayant de provoquer* des pleurs de tristesse. Vous ne pourrez pas vous empêcher de le rendre triste, pas plus que vous ne pourrez vous empêcher de le mettre en colère. Mais il y a une différence ici entre la rage et le chagrin, car si la rage est une réaction plus ou moins directe à la frustration, le chagrin implique une évolution complexe dans l'esprit du bébé, une évolution que je vais essayer de décrire.

Disons tout d'abord un mot à propos de la tonalité des pleurs de tristesse. Je pense que vous serez d'accord qu'ils contiennent une note musicale. Certains pensent que les pleurs de tristesse sont l'une des racines principales de la musique, la plus valable. Un bébé qui pleure de tristesse peut dans une certaine mesure se distraire. Il peut facilement développer et éprouver les différentes tonalités de ses pleurs en attendant de s'endormir pour noyer son chagrin. Un peu plus tard, on l'entendra en fait chantonner tristement pour s'endormir. Vous savez également que les larmes sont plus du ressort des pleurs de tristesse que des pleurs de rage. L'incapacité de pleurer de tristesse signifie des yeux secs et un nez sec (les larmes coulent dans le nez lorsqu'elles ne se répandent pas sur le visage). Les larmes sont donc saines, à la fois physiquement et psychologiquement.

Je pourrais peut-être vous donner un exemple pour vous expliquer ce que j'entends par la valeur de la tristesse. Je parlerai d'une petite fille de dix-huit mois parce qu'il est plus facile de croire à ce qui arrive à cet âge que dans ce qui se produit d'une manière semblable, mais plus obscure, pendant la première enfance. Cette petite fille avait été adoptée à l'âge de quatre mois. Avant son adoption, elle avait eu des expériences malheureuses et, pour cette raison, elle était particulièrement dépendante de sa mère. On pourrait dire qu'elle n'avait pas été capable de se forger en esprit, comme des bébés plus heureux sont capables de le faire, l'idée qu'il existe de bonnes mères. C'est pourquoi elle s'accrochait à la personne réelle de sa mère adoptive qui la soignait d'une manière excellente. Le besoin, chez l enfant, de la présence réelle de sa m re adoptive était si grand que celle-ci savait qu'elle ne devait pas la laisser. A sept mois, elle l'avait confiée une fois à des mains excellentes pendant une demi-journée et le résultat avait été presque catastrophique. Lorsque l'enfant eut dix-huit mois, la mère décida de prendre deux semaines de vacances. Elle le dit à l'enfant et la confia aux soins de personnes que celle-ci connaissait bien. L'enfant passa presque toute la quinzaine à essayer d'ouvrir la chambre de sa mère, trop angoissée pour jouer et n'acceptant pas réellement le fait de son absence. Elle était aussi trop effrayée pour être triste. Je pense qu'on pourrait dire que, pour elle, le monde était stationnaire pendant quinze jours. Lorsque la mère revint enfin, l'enfant attendit un peu pour s'assurer que ce qu'elle voyait était vrai, puis elle se jeta à son cou, se mit à sangloter et à être profondément triste. Elle revint ensuite à son état normal.

Si nous considérons les choses de notre point de vue d'observateurs, nous voyons que la tristesse était présente avant le retour de la mère. Du point de vue de la petite fille, cependant, il n'y avait pas de tristesse avant qu'elle sache qu'elle pouvait être triste aux côtés de sa mère, ses larmes coulant dans son cou. Pourquoi devait-il en être ainsi? Eh bien, je pense que nous pouvons avancer que cette petite fille devait affronter quelque chose qui l'effrayait beaucoup, c'est-à-dire la haine qu'elle ressentait pour la mère qui la quittait. J'ai choisi ce cas parce que le fait que l'enfant dépendait de sa mère (et ne pouvait pas trouver facilement le maternage chez d'autres personnes) nous montre bien le danger que l'enfant aurait ressenti si elle avait dû la haïr. Aussi avait-elle attendu son retour.

Mais que fit-elle lorsque la mère revint? Elle aurait pu aller à elle et la mordre. Cela ne me surprendrait pas du tout si certaines d'entre vous avaient connu cette expérience. Cette enfant, toutefois, jeta ses bras autour du cou de sa mère et sanglota. Que devait comprendre la mère? Si elle avait dû employer des mots — et je suis heureux qu'elle ne l'ait pas fait — elle aurait pu dire: « Je suis ta seule bonne mère. Tu as eu peur de découvrir que tu me détestais parce que j'étais partie. Tu es triste de m'avoir détestée. Et ce n'est pas tout, tu as cru que je partais parce que tu avais fait quelque chose de mal, parce que tu exigeais tant de moi ou parce que tu me détestais avant mon départ. Alors, tu as eu l'impression que tu étais la cause de mon départ et que je partais pour toujours. Tu ne pouvais pas voir que tu avais en toi le désir de me voir partir, même pendant que j'étais avec toi. Par ta tristesse, tu as gagné le droit de mettre tes bras autour de mon cou, parce que tu me montres que tu éprouves le sentiment que c'était de ta faute lorsque je t'ai fait mal en partant. En fait, tu te sens coupable comme si tu étais la cause de tout ce qui est mauvais au monde, alors qu'en réalité tu étais seulement pour un tout petit peu la cause de mon départ. Les bébés sont difficiles et les mères s'attendent à ce qu'ils le soient. Et elles les aiment ainsi. Du fait de ta dépendance extrême à mon égard, tu as été plus que susceptible de me fatiguer. Mais j'ai choisi de t'adopter et je n'ai jamais ressenti du ressentiment à cause de toi... »

Oui, elle aurait pu dire tout cela, mais grâce à Dieu, elle n'en fit rien. En fait, ces idées ne pénétrèrent jamais sa conscience. Elle était bien trop occupée à cajoler sa petite fille.

Pourquoi ai-je dit toutes ces choses à propos des sanglots d'un petite fille ? Je suis sûr qu'il ne se trouverait pas deux personnes pour décrire de la même manière ce qui se passe lorsqu'un enfant est triste et peut-être une partie de ce que j'ai dit n'est-elle pas exprimée d'une manière tout à fait exacte. Mais ce n'est pas entièrement faux non plus et j'espère que ce que je vous ai dit vous a permis de comprendre que les pleurs de tristesse sont une chose très compliquée, une chose qui signifie que votre bébé a déjà gagné sa place dans le monde. Il n'est plus une écorce qui flotte sur les vagues. Il a déjà commencé à se sentir responsable de son environnement. Au lieu de se contenter de réagir aux circonstances, il en est venu à se sentir responsable d'elles. L'ennui, c'est qu'il commence en se sentant *totalement* responsable de ce qui lui arrive et des facteurs externes de sa vie. Ce n'est que peu à peu qu'il en vient à distinguer ce dont il *est* responsable de ce dont il se *sent* responsable.

Comparons maintenant les pleurs de tristesse aux autres pleurs. Vous verrez que les pleurs de souffrance et de faim peuvent s'observer n'importe quand à partir de la naissance. Ceux de rage apparaissent lorsque le bébé devient capable d'additionner deux et deux et ceux de peur, qui indiquent l'attente de la douleur, signifient que le bébé a élaboré des idées. Le chagrin indique quelque chose de beaucoup plus avancé que ces sentiments aigus. Si les mères comprenaient toute la valeur de ce qui se trouve derrière la tristesse, elles pourraient éviter qu'une chose importante fasse défaut. Plus tard, les gens ne manquent pas d'être contents lorsque leur enfant dit « Merci » et « Pardon », mais la version précédente de cela est contenue dans les pleurs de trist sse du bébé, qui ont beaucoup plus de valeur que ce qu'on peut apprendre en matière d'expression de la reconnaissance et du remords.

Dans ma description de la petite fille triste, vous aurez remarqué combien il était parfaitement logique qu'elle soit triste sur l'épaule de sa mère. On ne s'attendrait pas, par contre, à ce qu'un bébé en colère manifeste ses sentiments à un moment où il se trouve bien, près de sa mère. S'il restait sur ses genoux, ce serait par peur de les quitter, mais la mère aurait probablement envie qu'il s'en aille. Le bébé triste, lui, peut être pris et câliné parce que, du fait de prendre ses responsabilités pour ce qui le chagrine, il gagne le droit de conserver une bonne relation avec les gens. En fait, un bébé triste peut *avoir besoin* des preuves matérielles de votre amour. Et, ce dont il n'a pas besoin, c'est d'être secoué, chatouillé et distrait de sa tristesse d'une autre manière. Disons qu'il est dans un état de deuil et qu'il a besoin d'un certain laps de temps pour guérir. Savoir que vous continuez à l'aimer suffit et, quelquefois, il s'avérera peut-être mieux de le laisser pleurer tout seul. Souvenez-vous que, dans l'enfance, il n'y a pas de sentiment meilleur que celui qui appartient à la guérison spontanée de la tristesse et des sentiments de culpabilité. Cela est si vrai que vous verrez quelquefois votre enfant devenir méchant afin de se sentir coupable et de pleurer pour être ensuite pardonné, tellement grand est son désir de reconquérir ce qu'il a éprouvé comme une guérison véritable de la tristesse.

J'ai maintenant décrit différentes manières de pleurer ; il n'y a plus grand-chose à en dire et je pense que je vous ai peut-être aidée en essayant de différencier une manière d'une autre. Ce que je n'ai pas fait, c'est décrire les pleurs de désespoir, le désespoir en lequel se transforment toutes ces manières de pleurer si le bébé n'a plus d'espoir. Il se peut que vous ne les entendiez jamais chez vous. Si cela vous arrive, c'est que la situation vous dépasse et que vous avez besoin d'être aidée bien que (comme j'ai en particulier essayé de vous le montrer) vous soyez plus apte que quiconque à vous occuper de votre bébé. C'est dans les établissements que nous entendons les pleurs de désespoir et de désintégration, lorsqu'il n'y a pas de possibilité de donner une mère à chaque bébé. Je ne mentionne cette manière de pleurer que dans le but d'être complet, car le fait que vous ayez envie de vous dévouer à votre bébé signifie qu'il a de la chance. A moins que quelque événement ne se produise par hasard et dérange la routine de vos soins, il sera capable d'aller de l'avant, de vous faire connaître les moments où il sera en colère avec vous, où il vous aimera, où il aura envie d'être débarrassé de vous, où il sera angoissé ou aura peur, et où il désirera seulement que vous compreniez qu'il éprouve de la tristesse.

10. Le monde à petites doses

Si vous prêtez l'oreille à des discussions philosophiques, vous entendez quelquefois les gens débattre, à l'aide de beaucoup de mots, de ce qui est réel et de ce qui ne l'est pas. L'un dit que ce qui est réel peut être touché, vu et entendu, tandis qu'un autre dit que c'est seulement ce qui est éprouvé comme réel qui compte, tel un cauchemar ou le fait de détester l'homme qui ne fait pas la queue pour l'autobus. Tout cela paraît très difficile. Pourquoi donc soulever ces questions dans une causerie destinée aux mères et concernant les soins qu'elles donnent à leurs bébés? J'espère pouvoir m'expliquer.

Les mères qui ont des bébés ont à faire face à une situation qui évolue, qui change. Au début, le bébé ne connaît rien du monde et lorsqu'elles en ont fini avec leur travail, il est devenu quelqu'un qui connaît le monde, qui est capable de trouver sa manière d'y vivre, qui peut même participer à sa direction. L'évolution est considérable!

Toutefois, vous connaissez certainement des personnes qui ont des difficultés dans leurs rapports avec les choses que nous appelons réelles. Elles ne les éprouvent pas comme réelles. Pour vous et pour moi, les choses paraissent plus réelles à certains moments qu'à d'autres. Chacun de nous peut avoir eu un rêve qui paraît plus réel que la réalité. Pour certains, cependant, ce monde personnel imaginaire est, à leurs yeux, tellement plus réel que ce que nous appelons le monde réel qu'ils ne peuvent faire en sorte de vivre dans le monde.

Posons-nous maintenant la question suivante : pourquoi la personne bien portante et normale a-t-elle, en même temps, le sentiment de la réalité du monde et de ce qui est imaginaire et personnel? Comment se fait-il que vous et moi soyons ainsi? C'est un grand avantage parce que nous pouvons alors employer notre imagination à rendre le monde plus attrayant et nous pouvons utiliser les choses du monde réel pour en rêver. Est-ce tout simplement affaire d'évolution? Je ne le crois pas et je pense que nous ne grandissons ainsi que si chacun d'entre nous a eu, au commencement, une mère capable de lui faire découvrir le monde à petites doses.

Comment réagit un enfant de deux, trois ou quatre ans en ce qui concerne ce sujet particulier : voir le monde comme il est? Que pouvons-nous dire du bébé qui commence à marcher? Eh bien, pour celui-ci, toute sensation a une intensité extraordinaire. Nous autres, adultes, n'atteignons qu'à certains moments cette intensité merveilleuse du sentiment qui appartient aux premières années et nous accueillons avec plaisir tout ce qui nous aide à y parvenir sans nous effrayer. Pour certains, c'est la musique ou la peinture qui nous amènent là, pour d'autres, c'est un match de football, pour d'autres encore, c'est s'habiller pour aller danser ou apercevoir la reine qui passe dans sa voiture. Heureux sont ceux qui ont leurs pieds fermement sur la terre et qui conservent cependant la capacité de jouir de sensations intenses, même si ce n'est que dans des rêves, des rêves dont on se souvient.

Pour le petit enfant, et combien plus encore pour le bébé, la vie n'est qu'une suite d'expériences d'une très grande intensité. Vous avez remarqué ce qui se passe si vous interrompez un jeu. En fait, vous donnez d'abord un avertissement afin que l'enfant soit capable, si possible, de mettre fin au jeu et de supporter votre intervention. Un jouet qu'un oncle a donné à votre petit garçon est un morceau du monde réel et pourtant, s'il a été donné de la bonne manière, au bon moment, et par la personne qui convient, il a pour l'enfant une importance que nous devrions comprendre et admettre. Peut-être pouvons-nous nous souvenir d'un petit jouet que nous avons eu nous-mêmes et de l'importance qu'il avait pour nous. Comme il a l'air fané maintenant si nous le possédons encore! L'enfant de deux, trois ou quatre ans vit simultanément dans deux mondes. Le monde que nous partageons avec lui et, aussi, son propre monde imaginaire; il est donc capable de le vivre intensément. La raison vient de ce que nous n'insistons pas, lorsque nous avons affaire à un enfant de cet âge, sur une perception exacte du monde extérieur. Les pieds d'un enfant n'ont pas besoin d'être tout le temps sur terre. Si une petite fille veut voler, nous ne nous contentons pas de lui dire : « Les enfants ne volent pas. » Au lieu de cela, nous la soulevons au-dessus de notre tête et nous l'asseyons sur le dessus du buffet, si bien qu'elle a le sentiment d'avoir volé, tel un oiseau vers son nid.

Ce n'est que trop rapidement que l'enfant découvrira que voler est une chose qui ne se fait pas par magie. Probablement, dans les rêves, l'idée du vol magique reviendra-t-elle ou, du moins, rêverons-nous que nous faisons de grands pas. Les histoires de fées, celle des bottes de sept lieues ou du tapis volant, représentent la contribution des adultes à ce thème.

Vers dix ans à peu près, l'enfant sautera en longueur et en hauteur et il essaiera de sauter plus loin et plus haut que les autres. Ce sera tout ce qui restera, les rêves mis à part, des sensations extrêmement aiguës associées à l'idée du vol qui vient naturellement à l'âge de trois ans.

L'important est que nous n'imposions pas la réalité au petit enfant. Nous espérons que nous n'aurons pas à l'imposer, même lorsqu'il aura cinq ou six ans. A cet âge, en effet, si tout va bien, l'enfant aura commencé à s'intéresser scientifiquement à ce que les adultes appellent le monde réel. Le monde réel a beaucoup à offrir, dans la mesure où son acceptation ne signifie pas une perte de la réalité du monde personnel imaginaire ou intérieur.

Pour le petit enfant, il est naturel que le monde intérieur se trouve à l'extérieur aussi bien qu'à l'intérieur. Lorsque nous participons à ses jeux et lorsque nous

77

partageons ses expériences imaginaires d'une autre manière, nous pénétrons dans ce monde imaginaire.

Voici un petit garçon de trois ans. Il est heureux, il joue toute la journée, seul ou avec d'autres enfants, et il est capable de se mettre à table et de manger comme une grande personne. Dans la journée, il devient très capable de reconnaître la différence entre ce que nous appelons les choses réelles et ce que nous appelons l'imagination de l'enfant. Comment est-il la nuit? Eh bien, il dort et sans aucun doute, il rêve. Quelquefois, il s'éveille avec un cri perçant. La mère saute du lit, entre dans sa chambre, allume la lumière et se prépare à prendre l'enfant dans ses bras. Est-il content? Au contraire, il hurle : « Va-t'en, sorcière. Je veux ma maman. » Le monde de son rêve s'est étendu à ce que nous appelons le monde réel et pendant quelques minutes la mère attend, incapable de faire quoi que ce soit parce qu'elle est une sorcière pour l'enfant. Tout à coup, il met ses bras autour de son cou et s'accroche à elle comme si elle venait d'arriver. Et il se rendort avant d'avoir pu lui parler du balai de la sorcière. Sa mère peut alors le recoucher dans son petit lit et retourner dans le sien.

Que dire d'une petite fille de sept ans, une gentille petite fille qui vous dit que dans sa nouvelle école tous les enfants sont contre elle, que sa maîtresse est affreuse, qu'elle ne cesse de la punir et de l'humilier. Naturellement, vous allez à l'école et vous avez une conversation avec l'institutrice. Je ne veux pas dire que tous les professeurs sont parfaits, mais il se peut très bien que vous découvriez qu'il s'agit d'une personne tout à fait honnête, peinée en fait de voir que cette enfant se fait du tort à elle-même.

Eh bien, là encore, vous savez comment sont les enfants. On ne s'attend pas à ce qu'ils sachent exactement comment est le monde. Il faut admettre qu'ils aient ce qu'on appellerait des hallucinations si nous parlions de grandes personnes. Probablement, résoudrez-vous le problème en invitant l'institutrice à prendre le thé et vous découvrirez peut-être bientôt que l'enfant passe à l'autre extrême, qu'elle s'attache très vivement à cette institutrice, qu'elle l'idolâtre même et qu'elle craint maintenant les autres enfants à cause de l'amour de l'institutrice. Le temps passant, tout s'arrangera.

Maintenant, si nous remontons dans le temps et si nous observons des enfants plus petits dans une école maternelle, il est difficile de deviner, d'après ce que vous savez de leur maîtresse, s'ils l'aimeront. Vous la connaissez peut-être et vous ne pensez pas grand-chose d'elle. Elle n'est pas jolie. Elle s'est montrée plutôt égoïste lorsque sa mère était malade, ou autre chose encore. Ce que l'enfant éprouvera envers elle ne se fondera pas sur cette sorte de chose. Il se peut qu'il en devienne dépendant et lui soit attaché parce qu'elle est là, qu'on peut compter sur elle et qu'elle est gentille. Et elle peut devenir une personne nécessaire au bonheur et au développement de votre enfant.

Tout ceci, cependant, vient de la relation qui existe plus tôt entre la mère et le bébé. Là, les conditions sont particulières. La mère partage avec son petit enfant un morceau à part du monde, le gardant suffisamment petit pour que l'enfant ne soit pas dans la confusion, l'agrandissant pourtant très progressivement afin de satisfaire la capacité grandissante de l'enfant à jouir du monde. Il s'agit de l'une des parties les plus importantes de son travail. Elle le fait naturellement.

Si nous examinons les choses d'un peu plus près, nous nous apercevons qu'une mère fait deux choses qui, dans ce domaine, sont utiles. La première est qu'elle s'efforce d'éviter les coïncidences. Les coïncidences conduisent à la confusion. Elle évite, par exemple, de confier le bébé aux soins d'une autre personne au moment du sevrage ou de commencer une alimentation solide pendant une rougeole. En second lieu, elle est capable d'établir une différence entre le fait et le fantasme et cela vaut la peine qu'on s'y attarde un peu.

Lorsque le petit garçon s'est réveillé pendant la nuit et a appelé sa mère sorcière, celle-ci était tout à fait certaine de ne pas en être une, aussi s'est-elle contentée d'attendre qu'il reprenne ses esprits. Le lendemain, lorsqu'il lui a demandé : « Y a-t-il vraiment des sorcières, maman ? » elle a répondu très facilement : « Non ». En même temps, elle a cherché un livre avec une sorcière dedans. Si votre petit garçon ne veut pas de la crème renversée que vous avez spécialement préparée avec les meilleurs ingrédients possibles, et fait une grimace pour suggérer l'idée qu'elle est empoisonnée, vous n'êtes pas inquiète parce que vous savez parfaitement bien qu'elle est bonne. Vous savez aussi que, juste en ce moment, il éprouve le sentiment qu'elle est empoisonnée et vous trouvez une manière de tourner la difficulté. Il se peut très bien que la crème soit mangée avec délices au bout de quelques minutes. Si vous n'aviez pas été sûre de vous-même, vous auriez été embarrassée et vous auriez essayé d'introduire de force la crème dans la bouche de l'enfant pour *vous* prouver qu'elle était bonne.

De toutes sortes de manières, vos connaissances certaines de ce qui est réel et de ce qui ne l'est pas aident l'enfant parce que celui-ci n'arrive que progressivement à la compréhension que le monde n'est pas comme il l'imagine et que l'imagination n'est pas exactement comme le monde. L'un a besoin de l'autre. Vous connaissez ce premier objet que votre bébé adore : un morceau de couverture ou un jouet en peluche. Pour le bébé, c'est presque une partie de lui-même et si l'objet est enlevé ou lavé, le résultat est désastreux. Lorsqu'il commence à pouvoir le jeter, ainsi que d'autres objets (s'attendant naturellement à ce qu'ils soient ramassés et rendus), vous savez que le moment est proche où il commencera à vous permettre de partir et de revenir.

Je désire maintenant revenir au début. Ces dernières choses sont faciles si le début se passe bien. J'en reviens au sujet des premières tétées. Vous vous rappelez que j'ai décrit la manière dont la mère fait apparaître le sein (ou le biberon) juste au moment où le bébé se prépare à avoir une idée et le fait disparaître lorsque l'idée s'évanouit dans son esprit. Voyez-vous comment, en faisant cela, la mère initie bien son bébé au monde qui s'offre à lui ? En neuf mois, elle donne environ un millier de tétées et pensez à toutes les autres choses qu'elle fait avec la même adaptation délicate à des besoins précis. Pour le bébé qui a de la chance, le monde commence en se comportant de manière à se joindre à son imagination. Le monde est ainsi amalgamé dans la texture de l'imagination et la vie intérieure du bébé est enrichie par ce qui est perçu dans le monde extérieur.

Et maintenant, revenons aux gens qui parlent de la signification du terme « réel ». Si l'un d'eux a eu, étant bébé, une mère qui lui a fait découvrir le monde normalement, de la bonne manière, ainsi que vous le faites découvrir à votre bébé, il sera alors capable de voir que réel signifie deux choses et il pourra éprouver simultanément les deux manières d'être réel. A côté de lui se trouvera peut-être un autre être dont la mère a tout gâché et pour qui il ne peut y avoir qu'une sorte de réalité ou bien une autre. Pour ce malheureux, le monde est là et chacun voit la même chose, ou bien toute chose est imaginaire et personnelle. Nous pouvons laisser ces deux personnes à leurs arguments.

Beaucoup de choses dépendent donc de la manière dont on a fait découvrir le monde au bébé et à l'enfant. La mère normale peut commencer et continuer ce travail extraordinaire de présenter le monde à petites doses, non parce qu'elle est savante, tel un philosophe, mais tout simplement parce qu'elle se dévoue à son bébé.

11. Le sens moral inné du bébé

Pour parler comme tout le monde, nous pourrions dire que cette causerie a trait au « dressage ». Ce mot évoque certainement dans votre esprit le sujet que je désire approfondir, qui est de savoir comment rendre votre bébé gentil et propre, bon et obéissant, sociable, moral et tout. J'allais dire aussi heureux, mais vous ne pouvez pas apprendre à un enfant à être heureux.

Ce terme de dressage me paraît s'appliquer plutôt aux chiens et aux soins qui leur sont donnés (1). Les chiens ont vraiment besoin d'être dressés et je suppose qu'ils peuvent nous apprendre quelque chose parce que si vous savez ce que vous faites, votre chien est plus heureux que si vous ne le savez pas. Les enfants, également, aiment que vous ayez vos propres idées sur les choses. Un chien, cependant, ne grandit pas pour se transformer finalement en un être humain et le mieux est de voir dans quelle mesure nous pouvons laisser complètement de côté ce terme de dressage.

J'ai plusieurs choses à dire avant de pouvoir exprimer le fond de ma pensée. Il y a, tout d'abord, le sujet de vos normes personnelles. En fin de compte, votre enfant devra soit les accepter, soit se rebeller contre elles. Elles sont profondément ancrées en vous et sans elles vous seriez perdue.

Mais les normes varient. Dans un même immeuble, elles diffèrent selon les appartements. Une famille

(1) En anglais, le terme correspondant, *training*, signifie à la fois dressage (pour les chiens) et apprentissage de la propreté (pour les bébés). (N. d. T.)

attache de la valeur à la force physique ou au travail manuel, une autre met l'accent sur l'intelligence, la troisième sur la propreté, etc. Ce serait absurde de vous demander de changer vos normes uniquement parce que vous avez un bébé.

Une autre chose qu'il ne faut pas oublier, c'est que chacun de nous a été bébé une fois et que la manière dont nos parents nous ont élevés est inscrite quelque part en nous. On peut même s'en souvenir. Il n'est pas facile de se libérer d'une tendance soit à répéter exactement ce que nos parents nous ont appris, soit (s'ils ont adopté une attitude extrême) à se porter vers l'autre extrême. Je m'adresse particulièrement aux parents qui ont des normes qui ne sont pas trop rigides et pour lesquels les mots amour et haine importent plus que ceux de sagesse, propreté, beauté, mal et laideur.

Il me faut mentionner encore une autre chose. Je dois reconnaître que, même dans les meilleurs foyers, certains enfants ne se développeront pas d'une manière tout à fait satisfaisante. Avec un enfant difficile, il se peut que vous agissiez d'une manière que vous ressentez, à juste titre, ne pas être la bonne et que vous adoptiez, tout simplement afin de rendre la vie supportable, des méthodes fermes d'éducation. Il n'est pas possible d'éviter cela et il serait bon que nous puissions débattre à une autre occasion de la manière de s'occuper de ces enfants qui sont trop perturbés pour qu'on leur permette d'évoluer selon leurs propres données. En ce moment, toutefois, je parle des premiers stades et de ce qu'une bonne mère normale fait avec son bébé ou son petit enfant qui se développe de façon satisfaisante.

Votre bébé est extrêmement dépendant de vous, presque entièrement au commencement, mais cela ne signifie pas qu'il dépend de vous quant au sentiment qu'il éprouve d'être bon ou mauvais. Chez tous les bébés, les idées se rapportant à ce qui est bon ou mauvais surgissent de l'intérieur. La dépendance a trait au cadre que vous fournissez pour rendre possible le développement du bébé en un petit enfant et celui du petit enfant en un enfant plus âgé.

Si je peux considérer comme allant de soi le cadre que vous fournissez (soins corporels, comportement régulier, adaptation active aux besoins du bébé, gaieté, etc.), je peux dire alors qu'il existe, chez chaque bébé, des tendances innées vers un sens moral et vers les différentes sortes de bon comportement que vous estimez vous-même. Et si on peut retrouver ces tendances chez tous les bébés, cela ne vaut-il pas la peine d'attendre qu'elles s'expriment? Finalement, l'enfant sera capable d'adopter vos normes. (En fait, celles-ci peuvent s'avérer trop difficiles ; il en est ainsi lorsque vous lui apprenez à dire « merci » à un moment où il n'éprouve pas de sentiment de reconnaissance.) Mais ce processus du développement, qui va de l'impulsivité et de l'exigence à maîtriser chaque personne et chaque chose, jusqu'à la capacité de se conformer, est un sujet complexe. Je ne peux pas vous dire à quel point. Une telle évolution prend du temps. C'est seulement si vous éprouvez le sentiment que cela en vaut la peine qu'il vous sera possible d'admettre qu'il faut du temps pour évoluer.

Je parle toujours des bébés, mais il est très difficile de décrire ce qui se passe au cours des premiers mois en se plaçant du point de vue de l'enfant. Pour faciliter les choses, observons maintenant un garçon de cinq ou six ans en train de dessiner. Je dirais qu'il est conscient de ce qui se passe, bien qu'il ne le soit pas réellement. Il fait un tableau. Comment s'y prend-il? Il connaît la tendance à gribouiller et à salir, ce qui ne fait pas un tableau. Ces plaisirs primitifs, il veut les garder intacts, mais, en même temps, il désire exprimer des idées et, également, les exprimer de manière qu'elles soient comprises. Lorsqu'il réussit un tableau, c'est qu'il a trouvé une série de contingences qui le satisfont. Tout d'abord, il y a la feuille de papier dont il accepte la dimension et la forme particulière. Puis, il espère utiliser une certaine quantité de l'habileté qui lui est venue au cours d'exercices précédents. Il sait aussi que le tableau, une fois terminé, doit être équilibré (vous savez, l'arbre de chaque côté de la maison), ce qui exprime l'équité dont il a besoin et qu'il obtient probablement de ses parents. Les centres d'intérêt doivent s'équilibrer, de même que les lumières et les ombres, ainsi que les couleurs. L'intérêt du tableau doit s'étendre à toute l'image et pourtant il doit y avoir un thème central qui relie tous les éléments. Dans ce système de contingences acceptées, qu'il s'impose en fait, il essaie d'exprimer une idée et de conserver un peu de la fraîcheur du sentiment qui appartenait à l'idée au moment de sa naissance. Cela me coupe presque le souffle de décrire tout ceci, pourtant vos enfants le font tout naturellement si vous leur donnez ne serait-ce que la moitié d'une chance.

Bien entendu, comme je l'ai dit, l'enfant ne sait pas toutes ces choses d'une manière qui lui permettrait d'en parler. Un bébé sait encore moins ce qui se passe en lui.

Le bébé est au fond comme ce garçon plus âgé, mais — et c'est la première chose à en dire — tout est beaucoup plus obscur. En fait, les tableaux ne sont pas peints et, naturellement, ce ne sont pas du tout des tableaux, mais de petits apports à la société que seule la mère du bébé est assez sensible pour apprécier. Un sourire peut contenir tout cela, ou bien un mouvement malhabile du bras, ou encore un bruit de succion indiquant qu'il est prêt pour une tétée. Peut-être y aura-t-il un murmure grâce auquel la mère attentive sait que si elle arrive tout de suite elle pourra peut-être recueillir personnellement une selle qui, autrement, n'aurait été qu'un gâchis. C'est le tout début de la coopération et du sens social et cela mérite toute la peine qu'on se donne. Combien d'enfants, parmi ceux qui mouillent leur lit des années après avoir acquis la capacité de se lever et d'économiser ainsi de nombreuses lessives, retournent à leur enfance pendant la nuit, essayant de revenir sur leurs expériences, essayant de trouver et de corriger quelque chose qui manquait. La chose qui manquait, dans ce cas, c'était l'attention sensible de la mère aux signaux d'excitation ou de détresse qui lui auraient permis de rendre personnel et bon ce qui, sans cela, ne peut qu'être gâché parce qu'il n'y a personne pour participer à ce qui se passe.

Le problème est le suivant : afin d'avoir finalement un enfant propre et sec, al'ez-vous *dresser* votre bébé ou allez-vous accepter, sans vous faire de souci, qu'il se salisse, vous contentant parfois de saisir ces moments où il commence à pouvoir communiquer avec vous et à être capable de vous faire savoir comment vous adapter avec succès à ses besoins changeants ? Vous déciderez selon votre propre penchant et selon le bébé que vous avez. La première méth de, cependant, n'est pas aussi riche que la seconde et elle ne procure pas autant de satisfactions.

Si vous employez la première méthode, c'est que vous avez le sentiment q ie votre but est d'implanter la sag sse et un sens de ce qui e t bien et mal, mais le bon comportement du bébé n'est pas enraci é fermement. D'un côté, il y a la pontanéité du bébé et sa capacité de faire des apports à la société et, de l'autre, tout à fait séparées, les exigences du monde. C'est comme si vous invitiez le b bé à se séparer en deux. Par la seconde méthode, vous permettez l'existence des tendances innées au sens moral. Grâce à l'attention sensible de la mère, qui lui vient de son amour, les racines du sens moral personnel au bébé sont sauvegardées. Le bébé déteste gaspiller une expérience. Il préfère de beaucoup attendre et supporter la frustration de plaisirs primitifs si, à l'attente, s'ajoute la chaleur d'une relation personnelle. Tout ceci, cependant, ne devient clair que si vous agissez pendant quelques mois ou quelques années avec toute la sensibilité dont vous êtes capable.

La mère qui sent facilement ces choses et qui a le courage d'agir selon ses sentiments aura, en fait, une période plus facile plus tard. Elle « gâte » son bébé au début, mais nous n'appelons pas cela gâter à ce moment-là, car au début c'est naturel et valable.

Et ensuite, qu'arrive-i-il ? Je dirais que le bébé se construit en lui l'idée d'une mère, d'une mère qui vous ressemble. Cette mère intérieure est alors un être humain qui (comme le bébé) a le sentiment que toute expérience dans la sphère d'une relation humaine constitue une réussite heureuse. Le bébé qui possède une bonne mère intérieure ne dépend plus complètement de vous et de votre manière de faire face à tout ce qui peut se passer.

Parce que ces choses se construisent chez le bébé, la mère est peu à peu libérée du besoin d'être aussi terriblement attentive. On pourrait dire que le bébé acquiert la capacité de rêver d'une mère et de ses soins affectueux. Un élément nouveau intervient maintenant car, au lieu d'offrir tout crûment à sa mère un sourire ou une selle, le bébé désire lui parler de ses rêves. Pour que le bébé parvienne à cela, la mère doit être capable d'imagination car il y a tellement de choses dans le jeu. Qui, sinon la mère, sait que les rêves peuvent être heureux, effrayants ou tristes, longtemps avant que la parole permette, à l'aide des mots, l'aptitude de raconter ce qui a été rêvé?

Pour illustrer cela, je parlerai encore de notre petit garçon qui fait un tableau. Nous voyons qu'il a progressé d'un stade. Depuis longtemps, il a cessé de gribouiller et il dépasse le simple fait de dessiner un tableau. Il a maintenant le tableau (ou le rêve) en lui avant de commencer à le mettre sur le papier. Il choisit maintenant le papier selon le tableau auquel il pense.

Très rapidement donc, si au début la mère a été capable d'être aussi sensible que le bébé, elle découvre que les satisfactions primitives dont il a besoin sont vécues dans son monde intérieur qui se développe rapidement. Dans la vie réelle, il dépend donc de moins en moins de l'adaptation exacte de la mère à ses besoins. Chez lui, le besoin d'une voracité réelle, d'un salissage réel et d'une maîtrise réelle des choses diminue donc.

C'est ainsi que la civilisation commence à nouveau chez un nouvel être humain. En pratique, lorsque tout va bien, vous ne dresserez pas votre enfant, pas plus que vous ne le négligerez. Vous fournirez un cadre sûr dans lequel le bébé pourra tôt ou tard découvrir l'intérêt de coopérer avec vous, l'intérêt d'adopter votre point de vue, d'aimer faire ce que vous aimez et d'être heureux d'adopter vos idées du bien et du mal. Le bébé qui évolue de cette manière ne tardera pas à jouer le rôle de la bonne mère avec une poupée. Ne soyez pas surprise si vous vous apercevez que la poupée est sévèrement punie pour s'être salie. Les petits enfants ont un sens moral féroce. C'est à vous de comprendre leur sens moral primitif et de l'accorder progressivement aux sentiments d'humanité qui viennent d'une compréhension mature.

12. Le sevrage

Vous me connaissez assez maintenant pour vous attendre à ce que je ne vous dise pas exactement comment et quand sevrer. Il n'y a pas qu'une seule méthode qui soit la bonne et votre médecin ou votre centre maternel peuvent vous conseiller. J'ai l'intention de parler du sevrage en général afin de vous aider à voir ce que vous faites, quelle que soit la manière que vous choisissiez exactement.

Le fait est que la plupart des mères n'ont pas de difficultés. Pourquoi?

Ce qui importe, c'est que l'allaitement lui-même se soit bien passé. Le bébé a vraiment eu quelque chose dont il peut être sevré. Vous ne pouvez pas retirer à des gens une chose qu'ils n'ont jamais eue. Certaines d'entre vous se souviennent peut-être de toutes les choses que nous avions avant la guerre ou lorsque nous étions enfants. Nous les considérions comme naturelles. Dans l'ensemble, ce sont ceux qui en avaient le plus joui qui y ont renoncé le plus facilement. Pour ceux qui, déjà, n'avaient pas tout à fait assez, les restrictions furent très difficiles. Ceux qui sont venus plus tard et qui n'avaient jamais connu toutes ces choses ne les regrettèrent pas.

Je me rappelle très bien qu'une fois, étant petit, j'ai eu la permission de manger autant de framboises et de crème que je pouvais en absorber. Ce fut une expérience merveilleuse. Maintenant encore, j'ai plus de plaisir à me souvenir de cette expérience unique qu'à manger des framboises. Peut-être pouvez-vous vous souvenir de quelque chose de semblable?

Une bonne expérience de l'allaitement constitue donc le fondement du sevrage. Au cours de neuf mois au sein, un bébé a eu environ un millier de tétées qui lui ont fourni quantité de bons souvenirs ou du matériel pour de bons rêves. Mais ce n'est pas seulement le millier de tétées, c'est aussi la manière dont le bébé et la mère ont fait connaissance. L'adaptation sensible de la mère (comme je l'ai dit si souvent) aux besoins du bébé a fait germer en lui l'idée du monde comme étant celle d'un bon endroit. Le monde allait à la rencontre du bébé, si bien que le bébé pouvait sortir pour aller vers le monde. Au début, la coopération de la mère avec le bébé a naturellement conduit à la coopération du bébé avec la mère.

Si, comme moi, vous croyez que le bébé a des idées dès le début, les tétées se sont avérées souvent des moments plutôt terribles, perturbant le calme du sommeil ou celui de la contemplation éveillée. Les exigences instinctuelles peuvent être féroces et effrayantes. Pour le bébé, elles peuvent s'apparenter au début à des menaces contre l'existence. Avoir faim, c'est comme si on était possédé par des loups.

A neuf mois, le bébé s'est habitué à cette sorte de chose et il est devenu capable de se maîtriser même lorsque ces besoins instinctuels règnent. Il est même devenu capable de reconnaître ces besoins comme faisant partie d'une personne qui vit.

Si nous observons le bébé qui devient une personne, nous pouvons voir que la mère est peu à peu, au cours des moments de calme, perçue également comme une personne, comme une chose plaisante dont on apprécie la valeur dès qu'elle apparaît. Comme il est donc affreux d'avoir faim et d'éprouver le sentiment brutal d'attaquer cette même personne. Il n'est pas surprenant que les bébés perdent souvent l'appétit. Il n'est pas surprenant que certains bébés ne réussissent pas à admettre les seins de la mère, mais séparent la mère, aimée dans sa totalité et sa beauté, des choses (les seins) qui sont l'objet d'une attaque fiévreuse.

Les adultes trouvent difficile de se laisser aller à leurs

émotions et ceci est à l'origine de bien des détresses et de mariages non réussis. A cet égard et à beaucoup d'autres, le fondement de la santé ultérieure réside dans l'expérience d'être, pendant l'enfance, soutenu par une bonne mère normale qui n'est pas effrayée des idées de son bébé et qui aime que son bébé s'en prenne à elle.

Peut-être voyez-vous pourquoi l'allaitement au sein constitue vraiment une expérience plus riche que celui au biberon, à la fois pour la mère et pour l'enfant? Un biberon, certes, peut très bien faire l'affaire et le mieux, souvent, est de continuer avec le biberon qui peut s'avérer plus facile pour le bébé, précisément parce qu'il provoque moins d'excitation. Toutefois, l'expérience de l'allaitement au sein, bien menée et terminée avec succès, est une bonne base pour la vie. Elle fournit des rêves riches et rend les gens capables de prendre des risques.

Mais, comme on le dit, toutes les bonnes choses doivent avoir une fin. Cela fait partie d'une bonne chose qu'elle se termine.

Vous souvenez-vous du bébé que j'ai décrit et qui prenait possession d'une cuiller? Il la prenait, la portait à la bouche, il était heureux de jouer avec, puis la laissait tomber. C'est ainsi que le bébé en arrive à l'idée d'une fin.

Il est évident que vers sept, huit ou neuf mois, un bébé commence à pouvoir jouer à jeter des objets. C'est un jeu très important et qui peut même être exaspérant car quelqu'un doit être là tout le temps pour ramasser les objets tombés à terre. Même dans la rue, lorsque vous sortez d'une boutique, vous vous apercevez que le bébé a jeté du landau un ours, deux gants, un oreiller, trois pommes de terre et un morceau de savon. Probablement trouvez-vous quelqu'un en train de ramasser le tout parce que le bébé s'y attend évidemment.

Eh bien, vers neuf mois, la plupart des bébés comprennent assez bien ce que signifie se débarrasser des choses. Ils peuvent même désirer se sevrer eux-mêmes.

Dans le sevrage, il faut vraiment tendre à utiliser l'aptitude grandissante du bébé à se débarrasser des choses et faire en sorte que la perte du sein ne soit pas simplement laissée au hasard.

Maintenant, il nous faut voir pourquoi un bébé devrait avoir envie d'être sevré. Pourquoi ne pas continuer toujours? Eh bien, je pense pouvoir dire que ce serait de la sentimentalité que de ne jamais sevrer. Ce serait en quelque sorte irréel. Un désir de sevrer doit venir de la mère. Elle doit être assez brave pour supporter la colère du bébé et les idées affreuses qui l'accompagnent, se contentant de faire ce qui achève le travail d'un allaitement bien mené. Il n'y a pas de doute que le bébé qui a été nourri avec succès est heureux d'être sevré quand il le faut, surtout parce que cela s'accompagne d'une grande extension du champ d'expérience.

Naturellement, lorsque le moment du sevrage approchera, vous aurez déjà offert d'autres aliments. Vous aurez probablement donné des aliments solides, des biscottes, etc., afin que le bébé les mâche et vous aurez remplacé une des tétées par une bouillie ou autre chose. Vous aurez surmonté un refus possible d'un aliment nouveau et découvert qu'en attendant et en offrant à nouveau par la suite l'aliment qui avait été refusé, vous êtes peut-être récompensée par son acceptation. D'habitude, il n'est pas nécessaire de passer soudainement du sein à l'absence du sein. Si (pour cause de maladie ou de quelque autre circonstance malheureuse) un changement soudain a dû intervenir, vous vous êtes attendue à des difficultés.

Si vous savez que les réactions au sevrage sont complexes, vous éviterez naturellement de confier votre bébé aux soins d'une autre personne juste au moment où vous le sevrez. Il serait malheureux de sevrer au moment où vous déménagez ou lorsque vous allez séjourner chez votre tante. Le sevrage constitue l'une des expériences à partir desquelles le bébé peut grandir à condition que vous fournissiez pour cette expérience un cadre stable. Si vous ne pouvez pas le faire, le sevrage peut alors s'avérer une époque où des difficultés commenceront.

Autre chose : vous vous apercevrez peut-être que votre bébé supporte bien d'être sevré dans la journée, mais que le sein s'avère la seule bonne chose pour le dernier repas. Voyez-vous, votre bébé grandit, mais sa marche en avant n'est pas constante. Vous ne cesserez de le découvrir. Vous serez très heureuse si, la plupart du temps, votre enfant a la maturité de son âge. Peut-être à certains moments se montrera-t-il même en avance. Mais de temps en temps il n'est qu'un bébé et même un tout petit bébé. Et vous vous apprêtez à satisfaire ces changements.

Votre petit garçon se déguise et combat bravement des ennemis. Il donne des ordres à chacun. Soudain, il se cogne la tête contre la table en se relevant et il n'est plus qu'un bébé, la tête sur vos genoux, en train de sangloter. Vous vous y attendez et vous vous attendez à ce que votre bébé d'un an n'ait parfois que six mois. Tout cela fait partie de votre effort pour connaître exactement l'âge de votre enfant à chaque instant.

Il se peut donc que vous continuiez à donner le sein le soir après l'avoir sevré dans la journée. Tôt ou tard, cependant, il vous faudra sevrer complètement et si vous savez ce que vous avez l'intention de faire, c'est plus facile pour l'enfant que si vous ne pouvez pas vous décider.

Voyons maintenant les réactions auxquelles vous pouvez vous attendre à la suite du sevrage que vous effectuez si courageusement. Comme je l'ai dit, il se peut que le bébé se sèvre de lui-même et vous ne remarquerez donc aucune difficulté. Mais, même dans ce cas, une diminution de l'appétit est possible.

Très souvent, le sevrage s'effectue progressivement, dans un cadre stable, et il n'y a pas de difficultés particulières. Il est évident que le bébé aime cette expérience nouvelle. Mais je ne voudrais pas que vous pensiez que des réactions au sevrage soient très inhabituelles, même des réactions graves. Un bébé qui a bien poussé peut réagir en perdant de l'appétit ou en refusant la nourriture, manifestant cependant qu'il a faim en pleurant ou en se montrant irritable. Lorsque les choses en sont là, il serait mauvais de le forcer à absorber de la nourriture. Pour le moment, de son point de vue, tout est devenu mauvais et vous ne pouvez rien y faire. Vous ne pouvez qu'attendre tout en étant prête pour un retour progressif de l'alimentation.

Le bébé peut aussi commencer à se réveiller en hurlant. Vous vous contentez de l'aider au moment du réveil. Il se peut aussi que les choses se passent bien, mais que vous remarquiez pourtant un changement et une tristesse chez l'enfant, une note nouvelle dans sa manière de pleurer, évoquant peut-être une tonalité musicale. Cette tristesse n'est pas nécessairement mauvaise. Ne vous contentez pas de penser qu'il suffit de faire sauter les bébés tristes sur les genoux jusqu'à ce qu'ils sourient. Ils ont de quoi être tristes et la tristesse prend fin si vous la laissez en paix.

Le bébé est triste à certains moments, comme celui du sevrage, parce que les circonstances ont fait surgir la colère et ont gâché quelque chose qui était bon. Dans les rêves du bébé, les seins ne sont plus bons, ils ont été haïs et ils sont donc maintenant ressentis comme mauvais et même dangereux. C'est pourquoi la méchante femme des contes de fées, celle qui donne des pommes empoisonnées, est là. Pour le bébé qui vient d'être sevré, les seins de la bonne mère sont vraiment devenus mauvais et il faut donc lui laisser le temps de guérir et de se réadapter. Mais une bonne mère normale ne se dérobe pas, même dans cette situation. Souvent, au cours de la journée, elle doit être la mauvaise mère pendant quelques minutes et elle s'habitue à cela, puis le moment revient où elle est à nouveau considérée comme une bonne mère. Finalement, l'enfant grandit et apprend à la connaître exactement comme elle est réellement, ni idéale, ni sorcière.

Il y a donc un aspect plus large du sevrage : le sevrage, ce n'est pas seulement habituer un bébé à prendre d'autres aliments, à utiliser une tasse ou à se nourrir activement avec les mains. Le sevrage comprend le processus progressif de la désillusion, qui fait partie de la tâche des parents.

Les bons parents normaux ne désirent pas être adorés de leurs enfants. Ils supportent les extrêmes d'être idéalisés et haïs, en espérant qu'en fin de compte leurs enfants les verront comme les êtres humains normaux qu'ils sont certainement.

13. Ce qu'une mère sait
et ce qu'elle apprend

Une jeune mère a beaucoup à apprendre. Les spécialistes lui indiquent quantité de choses sur l'adjonction des aliments solides dans le régime, sur les vitamines et sur l'emploi des feuilles de pesée. Quelquefois aussi, on lui parle d'une chose tout à fait différente, par exemple de sa réaction au refus du bébé de prendre de la nourriture.

Il me semble important que vous compreniez très clairement la différence entre ces deux sortes de connaissances. Ce que vous faites et ce que vous savez, simplement parce que vous êtes la mère d'un bébé, est aussi éloigné de ce que vous apprenez que la côte est l'est de la côte ouest de l'Angleterre. Je ne saurais exprimer cela trop fermement. Le professeur qui a découvert les vitamines qui préviennent le rachitisme a vraiment quelque chose à vous apprendre et, vous, vous avez réellement quelque chose à lui apprendre sur l'autre sorte de savoir, celui qui vous vient naturellement.

La mère qui nourrit son bébé au sein n'a pas à se soucier des graisses et des protéines pendant qu'elle se consacre aux premiers stades du développement de son bébé. Au moment où elle le sèvre, vers neuf mois à peu près, le bébé exige alors moins d'elle et elle a la liberté d'étudier les faits et les avis dispensés par les médecins et les infirmières. Il y a évidemment beaucoup de choses dont elle ne peut avoir une connaissance intuitive et elle a vraiment besoin qu'on lui parle de l'alimentation solide et de la manière d'utiliser les nourritures disponibles de façon que le bébé puisse grandir et demeurer en bonne santé. Avant de s'instruire, toutefois, il lui faut attendre que son état d'esprit soit devenu apte à recevoir ces connaissances.

Il est facile de voir que les conseils du médecin sur les vitamines se fondent sur des années de brillantes recherches. C'est avec respect que nous pouvons admirer le travail du chercheur scientifique et l'auto-discipline que ce travail implique, et c'est avec reconnaissance que nous accueillons les résultats de la recherche scientifique lorsqu'ils permettent d'éviter de grandes souffrances, quelquefois par un simple conseil comme celui d'ajouter quelques gouttes d'huile de foie de morue au régime.

En même temps, le chercheur scientifique peut, si cela l'intéresse, respecter la compréhension intuitive de la mère qui la rend capable de s'occuper de son enfant sans avoir appris à le faire. Je dirais, en fait, que la richesse essentielle de cette compréhension intuitive vient de ce qu'elle *est* naturelle et qu'elle n'est pas gâtée par le savoir.

La difficulté, en préparant une série de causeries et de livres sur la puériculture, est de savoir comment éviter de perturber ce qui vient tout naturellement aux mères, tout en les informant exactement des découvertes utiles de la science.

Je désire que vous vous sentiez confiante quant à vos capacités de mère, que vous n'éprouviez pas le sentiment que — parce que vous n'avez jamais rien su des vitamines — vous ne savez pas aussi, par exemple, comment porter votre bébé.

Comment porter votre bébé? Il serait bon que je prenne cet exemple.

L'expression « porter un bébé » a un sens précis en anglais. Quelqu'un a coopéré avec vous, puis a disparu et vous êtes restée « avec le bébé sur les bras ». Nous pouvons en déduire que tout le monde sait que les mères ont un sens naturel des responsabilités et que si elles ont un bébé dans les bras, elles sont impliquées d'une manière particulière. Bien entendu, certaines femmes sont littéralement en train de porter leur bébé dans le sens où le père est incapable de tirer du plaisir du rôle qu'il doit jouer et incapable de partager avec la mère la grande responsabilité qu'un bébé représente toujours pour quelqu'un.

Ou peut-être n'y a-t-il pas de père ? D'habitude, cependant, la mère se sent soutenue par son mari ; elle est libre d'être vraiment mère et lorsqu'elle porte son bébé, elle le fait naturellement sans y penser. Cette mère sera surprise si je dis que porter un bébé est une tâche qui réclame des mains expertes.

Lorsque des gens voient un bébé, ils adorent qu'on leur donne la permission de faire justement cela : porter le bébé dans leurs bras. Vous ne laissez pas porter votre bébé par certaines personnes si vous éprouvez le sentiment que cela ne signifie rien pour elles. En fait, les bébés sont très sensibles quant à la manière dont ils sont portés, si bien que, même tout petits, ils peuvent pleurer avec une personne et être contents avec une autre. Quelquefois, une petite fille demandera à porter le bébé nouveau-né et ce sera un grand événement. La mère avisée ne laissera pas toute la responsabilité à l'enfant et si elle donne la permission, elle sera tout le temps là, prête à reprendre le bébé sous sa sauvegarde. La mère avisée ne trouvera certainement pas naturel que ce soit de tout repos pour la sœur plus âgée que d'avoir le bébé dans les bras. Ce serait nier la signification de tout cela. Je connais des gens qui, toute leur vie, se souviennent du sentiment affreux de porter le petit frère ou la petite sœur et du cauchemar de ne pas se sentir en sécurité. Dans le cauchemar, on laisse tomber le bébé. Cette peur de lui faire mal qui peut se manifester dans le cauchemar fait que, dans la réalité, la grande sœur tient le bébé trop serré.

Tout ceci nous amène à ce que vous faites tout naturellement à cause de votre dévouement au bébé. Vous n'êtes pas angoissée et vous ne le serrez pas trop fort. Vous n'avez pas peur de le laisser tomber par terre. Vous adaptez simplement la pression de vos bras à ses besoins et vous marchez doucement, quelquefois en murmurant. Le bébé sent que vous respirez. Une certaine chaleur émane de votre respiration et de votre peau et il trouve bon d'être porté par vous.

Bien entendu, il y a toutes sortes de mères et certaines ne sont pas tout à fait à l'aise lorsqu'elles portent leur bébé. D'autres sont un peu incertaines : le bébé paraît plus heureux dans le berceau. Chez ces mères, il se peut que subsiste un peu de la peur qu'elles éprouvaient lorsqu'elles étaient petites et que leur mère les laissait porter un nouveau-né. Ou il se peut qu'elles aient eu une mère qui ne soit pas très apte elle-même à cette sorte de chose et qu'elles aient peur de passer à leur bébé quelque incertitude appartenant au passé. Une mère angoissée utilise le berceau autant que possible ou confie même le bébé à la garde d'une personne soigneusement choisie en fonction de la manière naturelle dont elle s'occupe des bébés. Il y a dans le monde place pour toutes sortes de mères et certaines seront bonnes pour une chose, d'autres pour une autre. Peut-être devrais-je dire que certaines sont mauvaises pour une chose et d'autres mauvaises pour une autre? Quelques-unes portent d'une manière angoissée.

Cela vaut la peine de considérer ce travail d'encore un peu plus près car je désire que vous sachiez que vous faites quelque chose d'important en soignant bien votre bébé. Cela fait partie de la manière dont vous établissez la santé mentale de ce nouveau membre de la communauté.

Examinons les choses à l'aide de notre imagination.

Voici un bébé tout au début (à partir de ce qui se passe au début, nous pouvons voir ce qui ne cessera de se passer plus tard). Qu'on me permette de décrire trois stades dans la relation du bébé avec le monde (représenté par vos bras et votre corps qui respire), en laissant de côté la faim et les grands événements. Premier stade : le bébé communique peu. C'est une créature vivante, entourée par l'espace. Il ne connaît rien, sauf lui-même. Deuxième stade : le bébé remue une épaule, un genou ou s'étire un peu. L'espace est traversé. Le bébé a surpris l'environnement. Troisième stade : vous êtes en train de porter le bébé et vous sursautez un peu à cause d'un coup de sonnette à la porte ou de la casserole d'eau qui se met à bouillir. De nouveau, l'espace est traversé. Cette fois, c'est l'environnement qui surprend le bébé.

Au début, le bébé peu communicatif est dans l'espace qui est maintenu entre lui et le monde, puis il surprend le monde. Troisièmement, le monde le surprend. C'est si simple que je pense que cela vous apparaîtra comme une séquence naturelle et donc comme une bonne base pour l'étude de la manière dont vous portez votre bébé. Tout cela est très évident, mais l'ennui, c'est que si vous ne savez pas ces choses, il se peut que votre immense habileté soit gâchée parce que vous ne saurez pas comment expliquer aux voisins et à votre mari combien il est nécessaire que vous, à votre tour, ayez un espace à vous dans lequel vous pouvez faire démarrer votre bébé avec des bases solides pour la vie.

Je peux m'exprimer d'une autre manière : le bébé dans l'espace devient prêt, le temps passant, à faire le mouvement qui surprend le monde et le bébé qui a découvert le monde de cette manière devient prêt, plus tard, à accueillir les surprises dont le monde est rempli.

Le bébé ne sait pas que l'espace autour de lui est maintenu par vous. Vous avez soin que le monde ne le heurte pas avant qu'il ne le découvre! Avec un calme plein de vie, vous suivez la vie chez le bébé et en vous et vous attendez les mouvements qui viennent de lui, les mouvements qui conduisent à votre découverte.

Si vous tombez de sommeil et, surtout, si vous êtes déprimée, vous mettez le bébé dans son berceau parce que vous savez que votre sommeil n'est pas assez vivant pour que se conserve chez le bébé l'idée d'un espace qui l'entoure.

Si j'ai parlé particulièrement des petits bébés et de la manière dont vous vous en occupez, cela ne veut pas dire que je n'y inclus pas les enfants plus âgés. Naturellement, la plupart du temps, l'enfant plus âgé a évolué vers un état de choses beaucoup plus complexe et il n'a pas besoin des soins très particuliers que vous donnez naturellement lorsque vous portez votre bébé qui n'a que quelques heures. Mais il arrive souvent que l'enfant plus âgé, pendant quelques minutes seulement ou pendant une heure ou deux, ait besoin de revenir en arrière et de retrouver le terrain qui appartenait aux stades les plus primitifs. Peut-être votre enfant a-t-il eu un accident. Il court vers vous en pleurant. Il se peut que cinq ou dix minutes se passent avant qu'il ne retourne jouer. Entre-temps, vous l'avez pris dans vos bras et vous avez permis que se reproduise exactement cette même séquence dont je vous ai parlé. Tout d'abord, vous le portez calmement, mais d'une façon vivante, puis, lorsque ses larmes sèchent, il peut bouger et vous découvrir. Et, enfin, vous êtes capable de le reposer à terre tout à fait naturellement. Il se peut aussi qu'un enfant ne soit pas bien, qu'il soit triste ou fatigué. Quoi qu'il en soit, l'enfant est un bébé pendant un petit moment et vous savez qu'il faut lui laisser le temps de revenir naturellement d'une sécurité essentielle vers des conditions ordinaires.

Bien entendu, j'aurais pu choisir beaucoup d'autres exemples de la manière dont vous connaissez les choses, simplement parce que vous êtes spécialiste de ce sujet particulier : les soins donnés à votre propre enfant. Je veux vous encourager à garder et à défendre ce savoir spécialisé, qui ne peut être enseigné. C'est seulement si vous pouvez conserver ce qui est naturel en vous que vous pourrez sans danger retirer quelque chose de ce que les médecins et les infirmières peuvent vous apprendre.

On pourrait penser que je viens d'essayer de vous apprendre comment porter votre bébé. Cela me semble loin de la vérité. J'essaie de décrire différents aspects des choses que vous faites naturellement, afin que vous puissiez comprendre ce que vous faites et sentir votre aptitude naturelle. Cela est important parce que certaines personnes, sans y penser, essaieront souvent de vous apprendre à faire des choses que vous pouvez *faire* mieux que si vous *appreniez* à les faire. Si vous êtes sûre de cela, vous pouvez commencer à accroître votre valeur de mère en apprenant les choses qui peuvent être apprises, car le meilleur de notre civilisation et de notre culture offre nombre de choses valables, à condition que vous puissiez les intégrer sans perdre ce qui vous vient naturellement.

14. Les instincts
et les difficultés normales

Quand il est question de maladie, les causeries et les livres sont plutôt trompeurs. Ce dont une mère a besoin lorsque son enfant est malade, c'est d'un médecin qui puisse voir le bébé et l'examiner, et aussi parler avec elle. Il en va autrement lorsqu'il s'agit des troubles habituels que présentent des enfants en bonne santé. Je pense que si on dit aux mères qu'elles ne doivent pas s'attendre à ce que leurs enfants en bonne santé grandissent sans leur donner du souci, cela peut les aider.

Il n'y a pas de doute que des enfants normaux, bien portants, présentent toutes sortes de symptômes.

Quelle est la cause de ces troubles dans la première enfance et plus tard ? Si nous tenons pour acquis que vous vous êtes occupée de l'enfant d'une manière experte, que vous lui avez donné des soins adaptés — ce qui signifie alors que vous avez établi les fondements de la santé de ce nouveau membre de la société — quel est alors l'élément qui fait que l'enfant a pourtant des problèmes ? La réponse, je crois, a surtout trait à la question des instincts et c'est de cela que je désire maintenant vous entretenir.

Peut-être votre enfant est-il, juste en ce moment, calmement étendu, en train de dormir, de câliner un objet ou de jouer en traversant l'une de ces périodes de calme que vous appréciez. Mais, vous savez trop bien que, dans la santé, il y a des états d'excitation qui reviennent. Vous pouvez soit considérer que l'enfant a faim, que le corps a des besoins ou des instincts, soit voir les choses d'une autre manière et dire que l'enfant commence à avoir des idées qui l'excitent. Ces expériences excitantes jouent un rôle très important dans son développement, elles font avancer sa croissance tout en la compliquant.

Durant les phases d'excitation, l'enfant a des besoins pressants. Souvent, vous êtes capable de les satisfaire, mais lorsque par moments leur importance est extrême, il ne sera pas possible de satisfaire entièrement certains d'entre eux.

Certains de ces besoins sont universellement reconnus et il est facile de vous les faire remarquer. D'autres, par contre, sont difficiles à décrire sans causer de la surprise et même de l'inquiétude. Il est facile de parler de la faim en général parce qu'il s'agit d'une chose tout à fait respectable. La difficulté est de parler des autres sortes d'excitations.

Le fait est que toute partie du corps peut être, à un moment ou à un autre, l'objet d'une excitation. Par exemple, la peau. Vous avez vu des enfants se griffer le visage ou se gratter la peau à d'autres endroits : la peau elle-même devient un centre d'excitation et des rougeurs se manifestent. Certaines parties de la peau sont plus sensibles que d'autres, surtout par moments. Vous pouvez passer en revue tout le corps de l'enfant et penser aux différentes manières selon lesquelles les excitations se localisent. Nous ne pouvons certainement pas ignorer les parties sexuelles. Je peux vous assurer que toutes ces choses sont très importantes pour le bébé. Elles éclairent la vie qui s'éveille en lui. Des idées excitantes accompagnent les excitations corporelles et vous ne serez pas surprise si je dis que ces idées ne concernent pas seulement le plaisir. Si le bébé se développe bien, elles ont également trait à l'amour. Peu à peu, il devient une personne capable d'aimer des personnes et de se sentir aimé en tant que personne. Il existe un lien très puissant entre le bébé, sa mère, son père et les autres personnes qui l'entourent. Les excitations ont un lien avec cet amour et, sous la forme d'une excitation corporelle quelconque, l'amour est périodiquement ressenti d'une façon aiguë.

Les idées qui accompagnent les pulsions d'amour primitives sont surtout destructrices et étroitement associées à celles de la colère. Le résultat, cependant, est ressenti comme bon pour le bébé si l'activité aboutit à des satisfactions instinctuelles.

Pendant ces périodes, vous vous apercevez facilement que de nombreuses frustrations sont inévitables. Dans la santé, cela conduit à la colère et même à la rage. Si, de temps en temps, votre bébé vous offre l'image de la rage, vous ne penserez pas qu'il est malade, vous apprendrez à distinguer cet état de la tristesse, de la peur et de la douleur. Dans la rage, le cœur du bébé bat plus vite qu'il ne battra jamais. En fait, si vous voulez l'écouter, vous pourrez compter jusqu'à 220 battements par minute. La colère signifie que l'enfant en est venu à croire en quelque chose et en quelqu'un avec lesquels on peut être en colère.

Chaque fois que des émotions sont pleinement ressenties, un risque apparaît et souvent ces expériences d'excitation et de rage ne peuvent être que très pénibles. C'est pourquoi vous vous apercevrez que votre enfant parfaitement normal essaie de trouver des moyens d'éviter les sentiments les plus intenses. L'une des manières d'éviter ces sentiments est de refouler l'instinct. Le bébé devient, par exemple, incapable de se laisser aller à toute l'excitation de la tétée. Un autre enfant peut accepter certains aliments et en refuser d'autres. Ou bien des personnes étrangères pourront le nourrir, mais pas la mère. Si l'on connaît suffisamment d'enfants, on peut observer tous les cas possibles. Il n'y a pas nécessairement maladie. Cela veut simplement dire que les petits enfants découvrent toutes sortes de techniques pour venir à bout de sentiments qui sont insupportables. Il leur faut éviter une certaine quantité de sentiments naturels, soit parce qu'ils sont trop intenses, soit parce que l'expérience complète fait naître des conflits douloureux.

Chez les enfants normaux, des difficultés d'alimentation sont habituelles et il arrive souvent que des mères aient à supporter des mois de déception et même des années au cours desquels un enfant gaspillera toute leur capacité de donner une bonne nourriture. Il se pourra qu'un enfant accepte une alimentation routinière et rejette tout ce qui est préparé avec un soin particulier. Certaines mères ne peuvent rien faire d'autre que laisser leur enfant refuser complètement la nourriture pendant un certain temps, quelquefois assez long, car si, dans ces circonstances, elles essaient de forcer l'enfant à manger, elles ne font qu'accroître sa résistance. Mais si elles attendent et n'en font pas une « affaire », l'enfant recommencera à manger à un moment ou à un autre. On imagine aisément qu'une mère sans expérience puisse se sentir inquiète pendant ces moments et qu'elle ait besoin d'un médecin ou d'une infirmière pour la rassurer et lui dire qu'elle ne néglige pas son enfant ou ne lui fait pas de mal.

Donc, comme je l'ai dit, on peut parler de la faim, mais il est plus difficile de parler des autres excitations. Les mères, toutefois, veulent qu'on leur parle de tout, elles ne peuvent pas souffrir d'être aveugles en ce qui concerne les soins qu'elles donnent à leurs bébés. Le fait est que les bébés ont périodiquement différentes sortes d'envies (non seulement des envies de nourriture) et que ces envies sont naturelles et d'une grande importance pour eux. Leurs fonctions d'excrétion sont particulièrement excitantes et les parties sexuelles de leur corps encore davantage, à certains moments au cours de leur croissance.

Soit dit en passant, vous aurez remarqué que les bébés ne commencent pas par penser la même chose que vous quant à ce qui est bien et ce qui est mal. Les matières dont on se débarrasse avec excitation et plaisir peuvent être trouvées bonnes et même bonnes à manger, bonnes pour barbouiller le berceau et les murs. C'est peut-être ennuyeux, mais c'est naturel et vous n'y ferez pas trop attention. Vous vous contenterez d'attendre que se fassent naturellement jour des sentiments plus civilisés.

Tôt ou tard, le dégoût intervient. Très soudainement même, un bébé qui mangeait du savon et buvait l'eau du bain deviendra prude et se détournera de toute nourriture qui ressemble aux excréments, lesquels, quelques jours auparavant, étaient touchés avec les mains et portés à la bouche.

Quelquefois, nous observons chez des enfants plus âgés un retour à l'état de bébé et nous savons alors que quelque difficulté a bloqué le chemin du progrès. L'enfant a besoin de retourner vers le domaine de son enfance afin de rétablir les droits des bébés et les lois du développement naturel.

Les mères voient tout ceci se passer et, en tant que mères, elles jouent vraiment un rôle. Mais elles préfèrent plutôt observer un processus de développement solide et naturel que d'imposer leurs propres idées du bien et du mal.

Lorsqu'on essaie d'imposer un schéma du bien et du mal à un bébé, la difficulté vient de ce que les instincts du bébé apparaissent et gâchent tout. Les moments d'expérience aiguë brisent les efforts du bébé en vue d'obtenir l'amour par l'obéissance. Le résultat est alors qu'il est perturbé par l'opération des instincts au lieu de se sentir plus fort.

L'enfant normal n'a pas trop gravement refoulé les puissants sentiments instinctuels et il est donc sujet à des troubles que l'observateur ignorant prend pour des symptômes. J'ai parlé de la rage : les colères et les moments d'opposition absolue sont habituels à l'âge de deux et trois ans. Les petits enfants ont fréquemment des cauchemars et les cris perçants qu'ils poussent au milieu de la nuit font que les voisins se demandent ce qui se passe.

Et combien d'enfants ne bégaient-ils pas à l'âge de deux, trois ou quatre ans, sans pour cela continuer à bégayer le reste de leur vie ? Ils ont simplement besoin que vous leur fassiez plus attention à eux lorsqu'ils ont quelque chose de très important à dire. Ils éprouvent le sentiment que nous devrions savoir ce qu'ils veulent dire sans toutes ces palabres ; ils ont aussi le sentiment d'avoir des droits sur des personnes qui ne sont que peu à peu perçues comme ayant elles-mêmes leurs propres droits.

Durant ces premiers temps, ce n'est pas parce que les enfants ont peur des chiens, des médecins et du noir qu'ils sont malades. Ou parce qu'ils imaginent des bruits, des ombres et des formes vagues au crépuscule. On ne peut pas dire qu'ils soient malades s'ils font facilement de la diarrhée, de la fièvre ou s'ils verdissent lorsqu'ils sont excités à propos de quelque chose. Ils ne sont pas malades parce qu'ils refusent pendant une semaine ou deux d'avoir affaire à un père adoré ou qu'ils refusent de dire « merci » à une tante. Ils ne sont pas malades parce qu'ils désirent mettre la nouvelle petite sœur à la poubelle ou qu'ils se montrent plutôt méchants envers le chat dans un grand effort pour éviter de haïr le nouveau bébé.

Vous savez tout sur la façon dont certains enfants propres se salissent ou se mouillent et combien, en fait, dans la période comprise entre deux et cinq ans, tout peut arriver. Mettez tout cela sur le compte des instincts et des sentiments terrifiants qui en relèvent et (compte tenu des idées qui accompagnent tous les événements corporels) des conflits douloureux qui résultent de tout cela dans l'imagination de l'enfant. Qu'on me permette d'ajouter qu'à cet âge critique les instincts ne sont plus tout simplement infantiles qualitativement. Pour les décrire, il n'est pas suffisant de s'en tenir aux termes de la nursery comme ceux de « gourmandise » ou « se salir ». Lorsqu'un enfant de trois ans en bonne santé dit : « Je t'aime », il y a dans ces termes une signification comparable à l'amour éprouvé entre hommes et femmes qui aiment et qui sont amoureux. En fait, cela peut être sexuel au sens ordinaire, impliquant les parties sexuelles du corps et comprenant des idées semblables à celles des adolescents ou des adultes amoureux. Des forces immenses sont à l'œuvre et pourtant, vous n'avez qu'à maintenir le foyer et vous attendre à tout. Le temps amènera un soulagement. Les choses se calmeront lorsque l'enfant aura cinq ou six ans et elles resteront ainsi jusqu'à la puberté. Vous aurez alors devant vous quelques années plus faciles au cours desquelles vous pourrez transmettre une partie de vos responsabilités et de vos tâches à l'école et aux maîtres.

DEUXIÈME PARTIE

LA FAMILLE

1. Le père

Au cours de ma carrière, de nombreuses mères m'ont posé la question suivante : « Et le père ? » Pour chacune, je suppose qu'il est clair que, dans des temps normaux, il dépend de la mère que le père en vienne ou non à connaître son bébé. Il y a toutes sortes de raisons pour lesquelles il est difficile qu'un père participe à l'éducation de ses enfants. Il se peut, tout d'abord, qu'il soit rarement à la maison lorsque le bébé est éveillé. Mais, très souvent, même lorsqu'il est à la maison, la mère trouve un peu difficile de savoir quand faire appel à son mari et quand souhaiter l'éloigner. Il est sans aucun doute souvent beaucoup plus simple de coucher le bébé avant que le père ne rentre à la maison, tout comme c'est une bonne idée d'avoir fait la lessive et préparé le repas. Toutefois, compte tenu de leur expérience, beaucoup d'entre vous seront d'accord que le fait de partager jour après jour l'expérience des petits détails concernant les soins de leur bébé facilite beaucoup les relations entre personnes mariées. Ces petits détails paraissent absurdes aux étrangers, mais sont d'une importance immense à la fois pour les parents et pour le bébé et leur richesse s'accroît lorsque le bébé se transforme en petit enfant puis en enfant. Ils peuvent même permettre au lien entre le père et la mère de devenir plus profond.

Je sais que certains pères sont très timides au début à l'égard de leurs bébés et il n'y a aucun doute que certains ne s'y intéresseront jamais. La mère peut, en tout cas, amener son mari à l'aider pour de petites choses, elle peut faire en sorte que le bébé soit soigné lorsque le père est présent, elle peut même l'amener à y participer s'il le désire. Comme je l'ai dit, cela dépend beaucoup de ce qu'elle fait à ce sujet.

On ne peut pas affirmer qu'il soit bon que le père apparaisse tôt en scène dans tous les cas. Les gens diffèrent tellement les uns des autres. Certains maris éprouvent le sentiment qu'ils seraient de meilleures mères que leur femme et ils peuvent se montrer très ennuyeux. Cela est particulièrement vrai lorsqu'ils sont capables « d'entrer dans la danse » pendant une demi-heure, de se montrer des « mères » très patientes, se retirant ensuite sans tenir compte du fait que les mères doivent être de bonnes mères vingt-quatre heures sur vingt-quatre, jours de semaine ou dimanche. Il se peut aussi qu'il y ait des pères qui feraient réellement de meilleures mères que leur femme. Pourtant, ils ne peuvent être mères. Il faut donc se sortir de la difficulté autrement qu'en effaçant simplement la mère du tableau. Habituellement, cependant, les mères savent qu'elles font bien leur travail et elles peuvent alors faire entrer leur mari en scène si elles le désirent.

Si nous prenons les choses au commencement, nous voyons que le bébé connaît tout d'abord sa mère. Tôt ou tard, certaines de ses qualités sont reconnues par le bébé et quelques-unes sont toujours associées à elle : la douceur, la tendresse. Mais la mère possède aussi toutes sortes de qualités sérieuses. Par exemple, elle peut être dure, sévère et stricte. En fait, la ponctualité des repas est très appréciée par le bébé à partir du moment où il peut accepter le fait de ne pas être nourri exactement lorsqu'il le désire. Je dirais que certaines qualités de la mère, qui ne font pas essentiellement partie d'elle, se groupent peu à peu dans l'esprit de l'enfant et qu'elles s'incorporent dans les sentiments que le bébé finira par désirer manifester à l'égard de son père. Un père fort, qui peut être respecté et aimé, est bien meilleur que des qualités n'émanant que de la mère, des règles et des règlements, des permissions et des interdictions, des choses mortes et intransigeantes.

Donc, lorsque le père arrive dans la vie de l'enfant en tant que père, des sentiments que le bébé a déjà éprouvés à l'égard de certaines qualités de la mère se reportent sur lui et, pour la mère, c'est un grand soulagement lorsque le père peut prendre la succession de cette manière.

Voyons si je peux différencier les diverses manières dont un père a de la valeur. Le premier point que je désire mentionner, c'est que le père est nécessaire à la maison pour aider la mère à se sentir bien dans son corps et heureuse en esprit. Un enfant est vraiment très sensible aux relations entre ses parents et si tout va bien il est le premier à apprécier ce fait. Et il tend à manifester cette appréciation en trouvant la vie plus facile, en étant plus heureux et plus facile à manier. Je suppose que c'est ce que les termes de « sécurité sociale » voudraient dire pour un bébé ou un enfant.

L'union du père et de la mère fournit un fait, un fait solide autour duquel l'enfant peut construire un fantasme, un rocher auquel il peut s'accrocher et contre lequel il peut donner des coups. Elle fournit, en outre, une partie des fondements naturels pour une solution personnelle au problème des relations triangulaires.

Le second point, comme je l'ai dit, c'est que le père est nécessaire pour donner à la mère un soutien moral, pour la soutenir dans son autorité, pour être l'incarnation de la loi et de l'ordre que la mère introduit dans la vie de l'enfant. Pour faire cela, il n'a pas besoin d'être là tout le temps, mais il doit se montrer assez souvent pour que l'enfant éprouve le sentiment qu'il est réel et vivant. Une grande partie de ce qui concerne la vie de l'enfant doit être effectuée par la mère et les enfants aiment à penser qu'elle est capable de s occuper du foyer lorsque le père en est absent en fait. Oui, vraiment, toutes les femmes doivent être capables de parler et d'agir avec autorité. Toutefois, si elles doivent tout faire, si, en même temps que l'amour, elles doivent fournir tout ce qui est fort et strict dans la vie de leurs enfants, elles portent vraiment un grand fardeau. De plus, il est beaucoup plus facile que les enfants aient deux parents. L'un peut continuer à être ressenti comme aimant pendant que l'autre est détesté ; cela, en soi, a une influence équilibrante. Quelquefois, vous voyez un enfant battre sa mère ou lui donner des coups de pied et vous avez le sentiment que si le mari la soutenait, l'enfant voudrait probablement donner des coups à son père, mais que, très probablement, il n'essaierait pas. De temps en temps, l'enfant va haïr quelqu'un et si le père n'est pas là pour lui dire où s'arrêter, il détestera sa mère, ce qui engendrera chez lui de la confusion parce que, fondamentalement, c'est sa mère qu'il aime le plus.

Le troisième point, c'est que le père est nécessaire pour l'enfant à cause de ses qualités positives et des éléments qui le différencient des autres hommes, à cause également de la vigueur de sa personnalité. Au cours de la première période de la vie, lorsque les impressions sont si vivaces, il est alors temps qu'un petit garçon ou une petite fille connaisse son père, si c'est possible. Bien entendu, je ne demande pas aux pères de s'imposer, eux et leur personnalité, à leurs enfants. A l'âge de quelques mois, un bébé recherchera son père des yeux, ira vers lui lorsqu'il entrera dans la chambre et sera attentif à son pas alors qu'un autre se détournera de lui ou ne lui permettra que très progressivement de devenir une personne importante dans sa vie. Un enfant désirera savoir ce qu'il est réellement, alors qu'un autre l'utilisera comme une personne à laquelle rêver, arrivant à peine à le connaître de la même façon que les autres. Néanmoins, si le père est présent et désire connaître son enfant, l'enfant a de la chance et, dans le meilleur des cas, le père enrichit grandement le monde de l'enfant. Lorsque le père et la mère acceptent tous deux la responsabilité de l'existence de l'enfant, le terrain est préparé pour un bon foyer.

Il est difficile de commencer une description de la manière dont un père enrichit la vie de ses enfants, si vastes sont les possibilités. Les enfants se forment un idéal, du moins partiellement, à partir de ce qu'ils voient, ou pensent qu'ils voient, en observant le père. Un monde nouveau s'ouvre à eux lorsqu'il leur fait peu à peu découvrir la nature du travail vers lequel il va le matin et duquel il revient le soir.

Jouer au Papa et à la Maman est l'un des jeux favoris des enfants. Comme vous le savez, papa va à son travail le matin pendant que maman fait le ménage et s'occupe des enfants. Le travail de la maison est une chose que les enfants connaissent facilement parce qu'il s'effectue toujours autour d'eux. Le travail que fait leur père, pour ne pas parler de ses violons d'Ingres lorsqu'il ne travaille pas, élargit la vue que l'enfant a du monde. Comme sont heureux les enfants de l'artisan expert qui, lorsqu'il est à la maison, permet aux enfants d'observer l'habileté de ses mains et de participer à la fabrication d'objets beaux et utiles. Et si le père se joint quelquefois à leurs jeux, il ne peut qu'apporter des éléments nouveaux et valables qui sont éventuellement introduits dans le jeu. En outre, la connaissance que le père possède du monde lui permet de voir à quel moment certains jouets, certains appareils, aident les enfants dans leurs jeux sans entraver l'évolution naturelle de leur imagination. Malheureusement, certains pères gâchent tout lorsqu'ils achètent pour leur petit garçon une machine à vapeur et jouent eux-mêmes avec, ou bien lorsqu'ils s'y intéressent tellement qu'ils ne laissent pas l'enfant s'en servir et même la casser. Le jeu du père est alors poussé trop loin.

Être en vie et rester en vie pendant les premières années de ses enfants est l'une des choses que le père fait pour eux. On oublie trop facilement l'importance de ce simple fait. Bien qu'il soit naturel que des enfants idéalisent leur père, il est aussi très valable qu'ils aient l'expérience de vivre avec lui et d'apprendre à le connaître en tant qu'être humain, même au point de le trouver en défaut. Je connais un petit garçon et une petite fille qui pensaient avoir été heureux pendant la guerre alors que leur père était à l'armée. Ils vivaient avec leur mère dans une maison avec un joli jardin et possédaient tout ce qui était nécessaire et même plus. Quelquefois, ils traversaient des phases d'activité antisociale organisée, dévastant presque la maison. Aujourd'hui, lorsqu'ils se penchent sur leur passé, ils sont capables de voir que ces explosions périodiques étaient des tentatives, à l'époque inconscientes, pour faire apparaître le père en personne. La mère fut néanmoins capable de les élever, soutenue par les lettres de son mari; mais vous pouvez imaginer combien il lui tardait qu'il soit au foyer avec elle afin de pouvoir occasionnellement lui laisser le soin d'envoyer les enfants se coucher.

Pour prendre un cas extrême : j'ai connu une petite fille dont le père était mort avant sa naissance. Dans ce cas, la tragédie vint de ce qu'elle n'avait qu'un père idéalisé sur qui fonder ses vues sur l'homme. Elle n'avait pas connu l'expérience d'être gentiment laissé tombée par un père réel. Dans sa vie, elle avait facilement tendance à idéaliser les hommes, ce qui, au début, avait pour conséquence de faire apparaître le meilleur d'eux, mais tôt ou tard, inévitablement, tous les hommes dont elle faisait la connaissance laissaient voir leurs imperfections. Chaque fois que cela se produisait, elle était désespérée et ne cessait de se plaindre. Comme vous pouvez l'imaginer, sa vie fut gâchée. Elle aurait été bien plus heureuse si son père avait été vivant pendant son enfance, si elle avait eu le sentiment qu'il était idéal, tout en découvrant par ailleurs ses limites, si elle avait survécu à la haine qu'elle aurait éprouvée pour lui lorsqu'il l'aurait déçue.

Tout le monde sait qu'il existe parfois un lien particulièrement vital entre un père et sa fille. En fait, toutes les petites filles rêvent d'être à la place de leur mère ou, en tout cas, elles rêvent d'une manière romantique. Lorsque cela se produit, les mères doivent être très compréhensives. Certaines mères trouvent beaucoup plus facile de supporter l'amitié entre un père et son fils qu'entre un père et sa fille. Il est alors très dommage que dans le lien étroit entre la mère et la fille s'immiscent, à la place d'une évolution naturelle, des sentiments de jalousie et de rivalité car, tôt ou tard, la petite fille se rendra compte de la frustration qui appartient à cette sorte d'attachement romantique, elle finira par grandir et chercher ailleurs la réalisation de ses rêves. Si le père et la mère sont heureux ensemble, ces attachements solides entre un père et des enfants ne seront pas considérés comme rivalisant avec l'élément plus important, l'attachement entre les parents. A cet égard, les frères sont très précieux car ils fournissent une étape entre les pères et les oncles jusqu'aux hommes en général.

Tout le monde sait aussi qu'un garçon et son père peuvent, par moments, se trouver dans un état de rivalité par rapport à la mère. Si la mère et le père sont heureux ensemble, l'angoisse n'apparaît pas nécessairement et la relation entre des parents qui sont certains de l'amour de l'autre n'est pas nécessairement perturbée. Les sentiments du petit garçon sont d'une nature extrêmement forte et il faut les prendre au sérieux.

On entend parler d'enfants qui, pas une seule fois au cours de leur enfance, n'ont eu leur père à eux pendant une journée entière ou même une demi-journée. Cela me semble terrible. Je dirais que c'est la responsabilité de la mère que d'envoyer le père et la fille, ou le père et le fils, se promener de temps en temps ensemble pour faire une expédition. Ce geste sera toujours très apprécié par ceux qu'il concerne et certaines de ces expériences seront considérées comme un trésor durant une vie entière. Il n'est pas toujours facile pour une mère d'envoyer sa petite fille se promener avec son père alors qu'elle aimerait tant sortir seule avec son mari. Bien entendu, elle devrait par ailleurs sortir seule avec lui, sinon elle finirait par éprouver du ressentiment et elle serait également susceptible de perdre le contact avec son mari. Quelquefois, cependant, si elle peut envoyer le père en promenade avec les enfants ou avec l un d entre eux, elle ajoutera beaucoup à sa valeur en tant que mère et femme.

Don , si votre mari est à la maison, vous vous apercevrez facilement que cela vaut la peine de l'aider à

connaître vos enfants et d'aider vos enfants à le connaître. Il ne dépend pas de vous que leurs rapports
soient riches, cela dépend du père et des enfants, mais
cela dépend beaucoup de vous de rendre ces rapports
possibles, de ne pas les gêner ou les gâcher.

2. Leurs normes et les vôtres

Nous avons tous, je le suppose, un idéal et des lignes de conduite. Les gens qui se font construire une maison ont leurs idées sur son aspect extérieur, sa décoration, son mobilier, et aussi la manière de mettre la table pour le petit déjeuner. Pour la plupart, nous savons exactement quelle sorte de maison nous aurions s'il nous arrivait de gagner le gros lot, nous savons si nous préférons vivre à la ville ou à la campagne et quelle sorte de film vaut la peine d'être vu.

Lorsque vous vous êtes mariée, vous avez pensé : Maintenant, je peux vivre comme je l'entends.

Une petite fille de cinq ans qui collectionnait les mots avait entendu quelqu'un dire : « Le chien est venu à la maison de son plein gré. » Le lendemain, elle me dit : « Aujourd'hui, c'est mon anniversaire, aussi tout doit être fait à mon gré. » De même, lorsque vous vous êtes mariée, vous avez éprouvé le sentiment que, maintenant, vous pouviez vivre à votre gré — pour employer le langage de la petite fille. Attention, cela ne veut pas dire que votre gré, ou votre goût, soit nécessairement meilleur que celui de votre belle-mère, mais c'est le vôtre et c'est cela qui fait toute la différence.

En supposant que vous ayez eu alors quelques pièces à vous (ou un appartement ou une maison), vous vous êtes tout de suite mise à les arranger et à les décorer selon vos goûts. Et une fois les rideaux neufs accrochés, vous avez pendu la crémaillère. L'important était d'arriver à un point où votre environnement vous exprimait. Peut-être même avez-vous été surprise par votre façon

125

de faire les choses. D'une manière évidente, c'est vers cela que vous aviez tendu toute votre vie.

Si, au cours de ces premiers jours, vous avez échappé à quelques querelles avec votre mari au sujet de certains détails, vous avez eu de la chance. Ce qui est curieux, c'est que les discussions commencent presque toujours à propos de savoir si une chose ou une autre est « bonne » ou « mauvaise », alors que la vraie difficulté est un désaccord entre les goûts, comme la petite fille l'aurait peut-être dit. Ce tapis est bon pour vous si vous l'avez acheté, choisi, ou marchandé, et il est bon du point de vue de votre mari si c'est lui qui l'a choisi. Mais comment pouvez-vous avoir tous deux le sentiment de l'avoir choisi ? Heureusement, les personnes qui s'aiment arrivent facilement à ce que leur « goût » coïncide dans une certaine mesure, pendant un moment, de sorte que tout va bien dans l'immédiat. L'une des manières de sortir des difficultés est de se mettre d'accord, peut-être tacitement, pour que la femme dirige la maison à sa manière pendant que le mari fait son travail comme il l'entend. Chacun sait que le foyer du mari anglais est le domaine de sa femme. Et chez lui, un homme aime voir sa femme gérer le foyer et s'identifier à lui. Trop souvent, hélas, l'homme n'a rien dans son travail qui corresponde à l'indépendance de sa femme dans son intérieur. L'homme ne s'identifie que trop rarement à son métier et cet état de choses ne s'améliore pas à une époque où artisans, petits boutiquiers et petites gens en général ont tendance à être écrasés.

Parler des femmes qui ne désirent pas être des maîtresses de maison me semble absurde car, nulle part ailleurs que dans son foyer, une femme n'a autant d'autorité. C'est seulement chez elle qu'elle est libre, si elle en a le courage, de s'épanouir, de découvrir toute sa personnalité. L'important, lorsqu'elle se marie, c'est qu'elle puisse vraiment disposer d'un appartement ou d'une maison afin d'être capable d'évoluer sans heurter ses proches et sans froisser sa mère.

Je parle de tout cela parce que je veux montrer à quel point il est toujours difficile de voir arriver un bébé qui, comme tous les bébés, exige son propre mode de vie. En voulant agir à sa guise, le bébé bouleverse les plans et personne ne devrait dire que cela n'a pas d'importance lorsqu'il en est vraiment ainsi. Les plans représentent l'indépendance d'esprit que la jeune mère vient d'acquérir et le respect qu'elle vient de gagner pour ce qu'elle fait à son gré. Certaines femmes préfèrent ne pas avoir d'enfant parce que le mariage leur semblerait perdre beaucoup de sa valeur s'il ne signifiait pas l'établissement de leur propre sphère personnelle d'influence, enfin gagnée après des années d'attente et de plans.

Eh bien, supposons qu'une jeune femme vienne tout juste de réussir à aménager son intérieur, qu'elle soit fière d'avoir fait cela et qu'elle commence seulement à découvrir ce qu'elle est lorsqu'elle dirige son propre destin. Que se passe-t-il lorsqu'elle a un bébé? Pendant sa grossesse, je pense qu'elle ne se laisse pas nécessairement aller à penser que le bébé menace son indépendance nouvellement fondée, car à ce moment-là tant d'autres préoccupations retiennent son attention. Il y a tant de choses relatives à l'idée d'avoir un bébé qui sont excitantes, intéressantes, vivifiantes. Elle éprouve peut-être, en tout cas, le sentiment qu'elle peut élever le bébé de manière qu'il s'adapte à ses plans et qu'il soit heureux de grandir dans sa sphère d'influence. S'il en est ainsi, tant mieux et il n'y a pas de doute qu'elle a raison de penser que son bébé adoptera certains des modes de conduite et de culture du foyer dans lequel il naît. Il y a cependant plus à dire sur ce sujet et cela est très important.

La vérité, selon moi, est que le nouveau bébé a des idées à lui presque dès le début. Et si vous avez dix enfants, vous n'en trouverez pas deux pareils, bien qu'ils grandissent dans la même maison, votre foyer. Dix enfants verront dix mères différentes en vous et l'un d'entre eux même vous verra quelquefois à votre manière, mais soudain, pendant quelques instants, lorsque la lumière n'est pas bonne, ou peut-être la nuit lorsque vous pénétrez dans sa chambre parce qu'il a un cauchemar, vous verra-t-il comme un dragon ou une sorcière, ou encore comme une autre personne, terrible et dangereuse.

Ce qui compte, c'est que chaque nouvel enfant qui entre dans votre maison apporte avec lui sa propre vision du monde et un besoin de contrôler son petit morceau du monde. C'est pourquoi chaque enfant constitue une menace contre le cadre que vous avez créé, l'ordre des choses que vous avez soigneusement construit et que vous maintenez avec soin. Et, sachant à quel point vous attachez de la valeur à votre propre façon de faire, j'en suis désolé pour vous.

Voyons si je peux vous aider. Je pense que certaines des difficultés qui naissent de cette situation viennent du fait que vous avez tendance à penser que vous aimez ce que vous aimez parce que c'est bien, bon, comme il faut, parce que c'est ce qu'il y a de mieux, de plus habile, de plus sûr, de plus rapide, de plus économique, etc. Vous avez sans doute souvent raison de penser ainsi et un enfant peut difficilement rivaliser avec vous quand il est question d'adresse et de connaissance du monde. Mais, ce qui importe, c'est que vous aimez votre façon de faire et que vous lui faites confiance non pas parce que c'est la meilleure, mais parce que c'est la vôtre. C'est la vraie raison pour laquelle vous désirez commander et pourquoi n'en serait-il pas ainsi? Il s'agit de votre maison et c'est pourquoi vous vous êtes mariée — en partie. De plus, vous ne pouvez peut-être vous sentir à l'abri que lorsque vous avez toutes les cordes dans vos mains.

Oui, chez vous, vous avez le droit de demander aux gens de se conformer à vos goûts, de mettre la table pour le petit déjeuner de la manière dont vous l'avez décidé, de dire merci et de ne pas jurer, mais votre droit se fonde sur le fait qu'il s'agit de votre maison et de votre manière d'agir, et non sur le fait que celle-ci soit la meilleure — bien qu'elle puisse l'être, bien entendu.

Vos enfants s'attendent certainement à ce que vous sachiez ce que vous désirez et à ce que vous croyiez en quelque chose. Ils seront aidés par votre foi et, dans une mesure plus ou moins grande, ils fonderont leur propre manière d'être sur la vôtre. Mais, en même temps, et c'est là un point important, n'êtes-vous pas d'accord avec moi que les enfants eux-mêmes ont leurs propres croyances, leurs propres idéaux et qu'ils recherchent un ordre à leur goût? Les enfants n'aiment pas une confusion perpétuelle ou un égoïsme perpétuel. Comprenez-vous que cela ne peut que faire du mal à un enfant si vous êtes occupée à établir vos droits dans votre propre maison au point de ne pas voir ni admettre la tendance innée de votre bébé et de votre enfant à créer un petit monde autour de lui, un monde à lui, avec son propre code moral? *Si vous avez suffisamment confiance en vous*, je pense que vous aimerez voir jusqu'où vous pouvez laisser chacun de vos enfants dominer la scène de ses propres tendances, de ses plans et de ses idées, d'une manière localisée, à l'intérieur de votre influence plus grande. « Aujourd'hui, c'est mon anniversaire, aussi tout doit être fait à mon gré », disait la petite fille et cela n'a pas conduit au chaos. Cela a conduit à une journée qui ne différait pas tellement des autres, sauf qu'elle était créée par l'enfant au lieu de l'être par la mère, la personne qui s'occupait d'elle ou la maîtresse d'école.

Bien entendu, c'est ce qu'une mère fait habituellement au début de la vie de son bébé. Ne pouvant être entièrement à ses ordres, elle donne le sein à intervalles réguliers, ce qui à défaut d'être nourri exactement à la demande, est la meilleure façon de faire qui s'en approche. Et elle réussit souvent à donner à son bébé une courte période d'illusion dans laquelle il n'a pas encore à se rendre compte que le rêve d'un sein n'est pas satisfaisant, aussi doux que soit le rêve. Il ne peut pas grossir à partir d'un sein de rêve. Je veux dire que, pour être bon, le sein doit aussi appartenir à la mère, qui est extérieure par rapport à lui et indépendante de lui. Il ne suffit pas que le bébé ait l'idée qu'il aimerait téter. Il est également nécessaire que la mère ait l'idée qu'elle aimerait le nourrir. Reconnaître cela est une tâche difficile pour un enfant et une mère peut protéger son bébé d'une déception trop précoce ou trop directe.

Au début, aussi, on éprouve le sentiment que le bébé est important. S'il réclame un repas ou s'il pleure parce qu'il n'est pas bien, tout est mis en branle jusqu'à ce que ses besoins soient satisfaits et, dans la mesure du possible, on lui permet de se laisser aller à ses tendances, par exemple de se salir pour la bonne raison qu'il le désire. C'est un curieux changement du point de vue du bébé lorsque la mère devient stricte, devient quelquefois soudainement stricte parce qu'elle a peur des voisins et commence ce qu'on appelle le « dressage », ne se relaxant pas tant qu'elle n'a pas obtenu que le bébé se conforme à son code de la propreté. Elle pense qu'elle a très bien agi si son bébé abandonne tout espoir de conserver sa spontanéité et son impulsivité. En fait, un apprentissage de la propreté, trop précoce et trop strict, n'atteint souvent pas ses buts et un enfant propre à six mois deviendra, inconsciemment ou par opposition, sale et extrêmement difficile à rééduquer. Heureusement, dans de nombreux cas, l'enfant trouve un moyen de s'en sortir et l'espoir n'est pas entièrement perdu. La spontanéité se cache simplement dans un symptôme comme l'énurésie. (En tant qu'observateur — et n'ayant pas à laver et à sécher les draps — j'ai plus d'une fois été ravi de voir l'enfant d'une mère plutôt autoritaire mouiller son lit, restant sur ses positions, bien que ne sachant pas exactement ce qu'il faisait.) La mère qui, tout en conservant son échelle des valeurs, peut se permettre d'attendre que se développe le propre sens des valeurs de l'enfant, est grandement récompensée. L'ennui, en fait, n'est pas tant que l'enfant n'a pas de sens des valeurs, mais que, au début, les gens voudraient qu'il ait des normes beaucoup plus rigides que celles d'un adulte. Pour donner un exemple, je parlerai du problème du « merci ». Il est très vraisemblable que votre enfant, à qui une tante aura donné un vêtement neuf alors qu'il désirait une poupée, refusera de dire « merci ». Mais vous essaierez de lui apprendre à dire « merci », qu'il éprouve de la reconnaissance ou non. Certains enfants sont des objecteurs de conscience à cet égard, lorsque cela ne veut rien dire pour eux. Aussi n'oubliez pas ou ne méprisez pas le sens moral inné de vos enfants. Peut-être oublions-nous quelquefois la signification du fait que l'un des tout premiers jeux est de construire, en dépit du fait que les petits enfants soient si proches du grand plaisir qui appartient à la destruction impulsive.

Si, chez chaque enfant, vous laissez se développer son propre droit de dominer, vous l'aiderez. Il y aura désaccord entre votre droit de dominer et le sien, mais c'est naturel et c'est beaucoup mieux que de vous imposer à votre enfant sous le prétexte que vous savez mieux. Vous avez une meilleure raison, qui est que vous aimez aussi votre propre manière de faire les choses. Laissez votre enfant avoir un coin à lui dans la chambre, ou une armoire, ou un bout du mur pour le salir, le ranger ou le décorer selon son humeur, sa fantaisie, son caprice. Chacun de vos enfants a le droit à un morceau de votre maison, dont il peut dire qu'il est à lui et il a aussi le droit, tous les jours, à un peu de votre temps (et à un peu de celui de papa), temps sur lequel il peut compter et pendant lequel vous êtes dans son monde. Naturellement, l'autre extrême n'a pas de sens lorsqu'une mère, qui n'a pas une façon personnelle de vivre, laisse son enfant faire ce qu'il veut. Vous voyez cela quelquefois et alors personne, pas même l'enfant, n'est heureux.

3. Les petits enfants et les autres

Le développement affectif d'un bébé commence dès le début de sa vie. Si nous devons juger la manière dont un être humain se comporte avec les autres et voir comment il construit sa personnalité et sa vie, nous ne pouvons pas nous permettre de laisser de côté ce qui se passe au cours des premières années et des premiers mois de son existence, et même au cours des premières semaines et des premiers jours. Nous avons affaire, bien entendu, à nombre d'éléments qui appartiennent au développement ultérieur, lorsque nous abordons des problèmes spécifiques aux adultes, par exemple ceux qui relèvent du mariage. Néanmoins, dans l'étude de tous les individus, nous trouvons le passé aussi bien que le présent, le bébé aussi bien que l'adulte. Des sentiments et des pensées, que l'on peut sans inconvénient appeler sexuels, apparaissent tôt, beaucoup plus tôt qu'on ne l'admettait dans la philosophie de nos grands-parents et, en un sens, toute la gamme des relations humaines existe dès le début.

Voyons ce qui se passe lorsque de petits enfants bien portants jouent au papa et à la maman. D'un côté, nous pouvons être certains que le sexe apparaît dans le jeu, bien que, très souvent, il ne soit pas représenté directement. Il est possible de déceler de nombreux symboles d'un comportement sexuel adulte. Mais, ce n'est pas cela qui m'intéresse pour le moment. De notre point de vue, il importe beaucoup plus que ces enfants tirent de leurs jeux un plaisir qui se fonde sur leur aptitude à s'identifier à leurs parents. D'une manière évidente, ils ont beaucoup observé. On peut voir dans leurs jeux qu'ils construisent un foyer, qu'ils arrangent la maison, qu'ils prennent des responsabilités partagées en ce qui concerne les enfants, et même qu'ils établissent un cadre dans lequel ceux-ci peuvent découvrir leur propre spontanéité (car les enfants ont peur de leur propres pulsions si elles sont laissées entièrement à leur contrôle). Nous savons que cela est sain. Si des enfants peuvent jouer ensemble de cette manière, ils n'auront pas besoin, plus tard, qu'on leur apprenne comment construire un foyer. Ils savent déjà l'essentiel. Pour prendre les choses par l'autre bout, est-il possible d'apprendre à des gens comment construire un foyer s'ils n'ont jamais eu en eux le désir de jouer au papa et à la maman ? J'aurais tendance à penser que non.

Tout en étant heureux de voir nos enfants capables de tirer ainsi du plaisir de jeux qui témoignent de leur aptitude à s'identifier au foyer et aux parents, avec une apparence de maturité et un sens des responsabilités, nous ne désirons pourtant pas qu'ils fassent cela toute la journée. En fait, s'il en était ainsi, ce serait inquiétant. Nous nous attendons à ce que ces mêmes enfants, qui ont joué de cette manière dans l'après-midi, ne soient que des enfants gourmands à l'heure du goûter, qu'ils soient jaloux l'un de l'autre au moment de se coucher, polissons et opposants le lendemain, car ils sont encore des enfants. S'ils ont de la chance, leur vrai foyer existe et, dans ce vrai foyer, ils peuvent continuer à découvrir leur propre spontanéité et leur propre individualité en se laissant aller, tel un conteur d'histoires qui est lui-même surpris par les idées qui lui viennent lorsqu'il se prend à son jeu. Dans la vie réelle, les enfants peuvent utiliser leurs parents réels, bien que, dans le jeu, ils cherchent à leur tour à être les parents. Nous accueillons l'apparition de ce jeu de construction du foyer, ainsi que celle de tous les autres jeux, celui de l'école, celui du docteur, de l'infirmière et des malades, celui du conducteur d'aut bus avec ses passagers.

Nous pouvons observer la santé dans tout cela et nous comprenons aisément que les enfants qui atteignent ce stade dans le jeu ont déjà traversé des processus de développement complexes, processus qui, bien entendu, ne se terminent jamais en fait. Si les enfants ont besoin d'un bon foyer normal avec lequel s'identifier, ils ont aussi un profond besoin, au cours des tout premiers stades de leur développement, d'un foyer équilibré et d'un environnement affectif équilibré dans lesquels ils pourront avoir l'occasion de faire, à leur rythme, des progrès solides et rapides. Soit dit en passant, il n'est pas nécessaire que les parents connaissent tout ce qui se passe dans l'esprit de leurs petits enfants, pas plus qu'ils n'ont besoin, pour que leurs enfants se portent bien physiquement, de connaissances approfondies en matière d'anatomie et de physiologie. Il est cependant essentiel qu'ils aient l'imagination de reconnaître que l'amour parental n'est pas simplement un instinct naturel en eux, mais qu'il s'agit d'une chose qu'un enfant requiert d'eux d'une manière absolue.

Le bébé qui est soigné par une mère, en fait bien intentionnée, mais qui croit que les bébés ne sont rien de plus qu'un ensemble physiologique et anatomique de réflexes conditionnés, a un mauvais départ. Il est certain qu'il sera bien nourri et il pourra grandir et a quérir une bonne santé physique; mais, à moins que la mère ne puisse voir dans le nouveau-né un être humain, il y a peu de chances que la santé mentale soit fondée solidement, de manière que l'enfant puisse avoir plus tard une personnalité riche et équilibrée, une personnalité qui pourra non seulement s'adapter au monde, mais qui pourra aussi faire partie d'un monde qui exige une adaptation.

L'ennui vient de ce que la mère a une certaine tendance à s'effrayer de sa grande responsabilité et qu'elle a facilement recours aux livres, aux indications et aux règles. Les vrais soins d'un bébé ne peuvent provenir que du cœur. Peut-être devrais-je dire que la tête ne peut pas les donner seule, ne peut les donner que si les sentiments sont libres.

Donner une tétée n'est qu'une des manières au moyen desquelles une mère se fait connaître à son bébé, mais elle est importante et certaines des choses qui se produisent se décrivent plus facilement lorsqu'on parle des tétées. A la fin d'un allaitement au sein réussi, une mère peut dire qu'elle a mille fois placé son sein près du bébé, juste au moment où le bébé désirait quelque chose. De cette manière, elle lui a donné des raisons de croire que le monde est un lieu dans lequel existe l'espoir de trouver l'équivalent de ce qui est attendu, imaginé et nécessaire. Peu à peu, le bébé arrive à avoir une relation avec des objets extérieurs. On peut évoquer ici le problème philosophique : « L'objet est-il réellement là ou seulement imaginé ? » On peut discuter pendant des heures du rapport entre réalité subjective et réalité objective. L'enfant qui, au début, a été nourri avec sensibilité, soigné avec sensibilité, est réellement allé au-delà de toute réponse qui peut être donnée à cette devinette philosophique. Que l'objet soit réel ou imaginaire est devenu une question qui, pour lui, a relativement peu d'importance parce qu'il a trouvé une mère disposée à *lui donner l'illusion*, à la lui donner sans faillir et pendant assez longtemps, si bien que l'écart qui peut exister entre ce qui peut être imaginé et ce qui est réellement découvert a été réduit autant que possible, pour cet enfant.

Cet enfant a établi à la fin de ses neuf mois ou environ une bonne relation avec un élément qui lui est extérieur et qu'il reconnaît comme sa mère. Cette relation peut survivre à toutes les frustrations et complications possibles et même à la perte par séparation. Le bébé qui a été nourri mécaniquement et sans sensibilité, sans que quelqu'un cherche à s'adapter activement à ses besoins particuliers, est grandement désavantagé et si ce dernier bébé peut jamais concevoir l'idée d'une mère dévouée, cette mère ne restera qu'une figure imaginaire idéalisée.

Il est facile de trouver l'exemple d'une mère qui est incapable de vivre dans le monde du bébé. L'enfant de cette mère doit vivre dans son monde à elle. Du point de vue de l'observateur superficiel, cet enfant pourra faire de très bons progrès. Il se peut que ce ne soit pas avant l'adolescence, ou même plus tard, qu'il proteste d'une manière appropriée, qu'il fasse une dépression nerveuse ou qu'il ne trouve l'équilibre mental que dans l'opposition.

La mère qui, au contraire, s'adapte activement d'une manière riche, donne à son bébé un fondement pour établir des contacts avec le monde. Elle enrichit, en outre, la relation du bébé avec le monde, relation qui peut évoluer et s'épanouir lorsque le temps amène la maturité. Une partie de cette relation initiale, qui ne manque pas d'importance, c'est d'inclure en elle des pulsions instinctuelles puissantes. La survie du bébé et de la mère apprend au bébé, par l'expérience, que les expériences instinctuelles et les idées excitantes peuvent être permises et qu'elles ne détruisent pas nécessairement le type calme de relation, l'amitié et le partage.

Il ne faudrait pas conclure que tous les bébés qui sont nourris et soignés avec sensibilité par une mère dévouée arrivent nécessairement à une santé mentale complète. Même lorsque les premières expériences sont bonnes, tout ce qui est gagné doit être consolidé plus tard. Il ne faudrait pas conclure également que tous les bébés qui sont élevés dans des institutions ou par des mères qui manquent d'imagination ou qui sont trop effrayées pour faire confiance à leur propre jugement sont destinés à l'hôpital psychiatrique ou à Borstal (1). Les choses ne sont pas aussi simples. J'ai délibérément simplifié le problème dans un but de clarté.

Voyons maintenant à quoi ressemble le bébé qui est né dans de bonnes conditions. Comment est le petit enfant bien portant que la mère a traité dès le début comme une personne ayant ses propres droits? Est-il tout simplement gentil, sage et obéissant? La réponse est : non. L'enfant normal a une vision personnelle de la vie dès le début. Des bébés en bonne

(1) Ville du comté de Kent dans la prison de laquelle fut fondée la première école de réforme — et non de correction — pour jeunes gens âgés de plus de seize ans. (N. d. T.)

santé ont souvent des difficultés d'alimentation très fortes. Pour ce qui est de leurs excréments, ils peuvent être opposants et entêtés. Ils protestent souvent et d'une façon véhémente par des cris, ils donnent des coups de pied à leur mère, lui tirent les cheveux et essaient de lui arracher les yeux. En fait, ce sont des fléaux. Mais ils témoignent de tendances affectueuses spontanées et absolument sincères. De temps en temps, un baiser et un petit morceau de générosité. C'est ainsi que les mères de ces bébés sont récompensées.

D'une certaine façon, les livres paraissent aimer les enfants sages, obéissants et propres, mais ces qualités n'ont de valeur que lorsqu'elles se développent chez les enfants au moment opportun, grâce à leur aptitude croissante à s'identifier à l'aspect parental de la vie au foyer. Cela ressemble assez à la progression naturelle des efforts artistiques d'un enfant. Au début, il gribouille. Puis vient le moment où un rapport s'établit entre le dessin, les couleurs et le format de la feuille. Maintenant, la forme compte aussi bien que la matière. Cela est beaucoup plus important que la forme qui est enseignée dans les académies démodées.

Aujourd'hui, nous parlons souvent de l'enfant mal adapté, mais l'enfant mal adapté est celui envers qui le *monde* ne s'est pas adapté d'une manière adéquate dès le début et au cours des premiers stades. L'obéissance d'un bébé est une chose terrible. Cela signifie que les parents paieront chèrement cette commodité, une commodité qu'ils devront payer de plus en plus cher, eux-mêmes ou bien la société, s'ils ne peuvent pas payer les pots cassés.

En ce qui concerne cette première relation entre la mère et le bébé, j'aimerais parler d'une difficulté qui concerne toute future mère. Au moment de la naissance du bébé et pendant les quelques jours qui suivent, le médecin ne peut être pour elle qu'un personnage important, le personnage responsable de ce qui se passe et en qui elle a confiance. A ce moment-là, il n'y a rien de plus important pour une mère que de connaître son médecin et l'infirmière qui travaille avec lui. Malheureusement, on ne peut être certain que le médecin, qui est si qualifié lorsqu'il est question de maladie physique et de l'ensemble des problèmes de l'accouchement, soit également bien informé sur ce qui a trait au lien affectif entre le bébé et la mère. Un médecin a tant à apprendre qu'on peut difficilement s'attendre à ce qu'il soit un spécialiste de l'aspect physique du problème et qu'il connaisse également les dernières découvertes sur la psychologie des mères et de leurs bébés. C'est pourquoi il est toujours possible qu'un excellent médecin ou une excellente infirmière intervienne, sans avoir l'intention de mal faire, dans cette question délicate du premier contact entre la mère et le bébé.

La mère a vraiment besoin du médecin, de l'infirmière et de leurs aptitudes. Le cadre qu'ils fournissent lui permet de mettre ses soucis de côté. Dans ce cadre, cependant, elle a besoin de pouvoir trouver son bébé et de permettre au bébé de la trouver. Elle a besoin que cela se passe d'une manière naturelle et non selon les indications qu'on peut trouver dans les livres.

Il s'agit d'un sujet évidemment très important et il est très difficile de définir le besoin que la mère a d'une aide médicale et, en même temps, son besoin de rester seule avec le bébé. Cela vaut pourtant la peine de mentionner cette difficulté. En fait, les mères ne devraient pas avoir honte de découvrir qu'elles sont spécialistes au point exact où le médecin et l'infirmière ne sont que dans une position d'assistants.

On peut observer une tendance culturelle générale à s'éloigner du contact direct, de ce qui est clinique, de ce qu'on appelait autrefois vulgaire, c'est-à-dire le nu, le naturel et le vrai, ainsi qu'une tendance vers ce qui est à l'opposé d'un vrai contact physique et de la communication. S'il est tellement plus important d'être un fonctionnaire à l'office du Commerce du Lait que de traire une vache, il faut s'attendre à ce que la première tâche de la mère soit méprisée.

Il y a une autre manière dont la vie affective du bébé pose des fondements de la vie affective de l'individu à un stade ultérieur. J'ai parlé de la façon dont les pulsions instinctuelles investissent dès le début la relation du bébé avec sa mère. Des éléments agressifs accompagnent ces instincts puissants. Nous avons aussi toute la haine et la colère qui naissent de la frustration. Cette agressivité qui entre dans l'excitation des pulsions d'amour, ou qui y est associée, peut faire que la vie soit ressentie comme très dangereuse. C'est pourquoi la plupart des individus sont inhibés dans une certaine mesure. Il est peut-être intéressant d'étudier de plus près cet aspect de la question.

Je dirais que les pulsions les plus primitives et les plus précoces sont ressenties brutalement. Si on admet qu'un élément destructeur existe dans la première pulsion alimentaire, le bébé, au début, ne se soucie pas des conséquences. Naturellement, je parle des idées et pas seulement des processus physiques réels que nous observons. Au début, le bébé est entraîné par des pulsions et ce n'est que peu à peu qu'il se rend compte que l'objet attaqué au cours d'une tétée, en elle-même une expérience excitante, est une partie vulnérable de la mère, cet être humain qui a tant de valeur en tant que personne dans les moments entre les périodes d'excitation et d'envie. Durant la phase d'excitation, bien que l'attaque du bébé paraisse faible à l'observateur, elle est, dans son fantasme, violemment dirigée contre le corps de la mère. La satisfaction vient avec la tétée et l'attaque cesse pendant un moment. Tous les processus physiques sont enrichis par ce fantasme, dont la précision et la complexité évoluent rapidement pendant la croissance du bébé. Dans le fantasme du bébé, le corps de la mère est déchiré afin de pouvoir arriver aux bonnes choses et à leur incorporation. Il est donc très important que la mère d'un bébé le soigne d'une manière continue, qu'elle soit présente, qu'elle survive à ses attaques et que, finalement, elle soit là pour être l'objet du sentiment tendre, du sentiment de culpabilité et du souci de son bien-être, sentiments qui apparaissent en temps voulu. Lorsque, dans la vie d'un bébé, la mère existe d'une manière continue et vivante, cela permet au bébé de trouver ce sens inné de la culpabilité qui est le seul sentiment de culpabilité valable et qui constitue la source principale du besoin de réparer, de recréer et de donner. L'amour brut, l'attaque agressive, le souci, la tristesse, le désir de réparer, de construire et de donner, forment une séquence naturelle qui constitue une expérience essentielle de la petite enfance et de l'enfance. Cette séquence ne peut, pourtant, devenir réalité que si la mère, ou la personne qui la remplace, est capable de vivre ces phases avec le bébé, rendant possible l'intégration des divers éléments.

Et voici encore une autre manière de définir certaines des choses que la bonne mère normale fait pour son bébé. Sans difficulté particulière, sans avoir spécialement conscience de ce qu'elle fait, la bonne mère ne cesse d'aider l'enfant à établir la distinction entre ce qui arrive vraiment et ce qui se passe dans l'imagination. Elle sépare, pour le bébé, la réalité du fantasme enrichissant. Nous disons qu'elle est objective et, en matière d'agressivité, cela est particulièrement important. Une mère fait attention de ne pas se faire mordre gravement et elle empêche l'enfant de deux ans de donner, avec un maillet, un coup sur la tête du nouveau-né. Ce qui ne l'empêche pas, en même temps, de se rendre compte de la force et de la réalité extraordinaire des *idées* destructives et agressives de l'enfant qui, par ailleurs, se conduit assez bien. Elle ne s'inquiète pas de ces idées, elle sait qu'elles doivent exister. Lorsqu'elles apparaissent progressivement dans les jeux ou dans les rêves, elle n'en est pas surprise et elle offre même des histoires et des livres traitant de ces thèmes, qui naissent spontanément dans l'esprit de l'enfant. Elle n'essaie pas de l'empêcher d'avoir des idées de destruction et, de cette manière, elle permet à la culpabilité innée de se développer à sa manière. C'est la culpabilité innée que nous espérons voir apparaître lorsque le bébé grandit et nous sommes disposés à attendre. La morale imposée nous ennuie.

La période au cours de laquelle on est appelé à être

une mère ou un père est une période de sacrifices. La bonne mère normale sait, sans qu'on le lui dise, que pendant ce temps rien ne doit s'immiscer dans la continuité de la relation entre l'enfant et elle-même. Sait-elle aussi que lorsqu'elle agit tout naturellement de cette manière, elle établit les fondements de la santé mentale de son enfant — et que celui-ci ne peut parvenir à l'intégrité de cette santé mentale s'il n'a pas eu, au début, exactement cette sorte d'expérience qu'elle prend tant de peine à fournir?

4. Qu'entendons-nous
par « enfant normal » ?

Les enfants difficiles font souvent parler d'eux. Nous essayons de décrire et de classer leurs difficultés. Nous parlons aussi de la normalité ou de la santé, mais il est beaucoup plus difficile de décrire un enfant normal. Lorsque nous parlons du corps, nous savons assez bien ce que ce terme recouvre. Nous voulons dire que le développement de l'enfant correspond à la moyenne, compte tenu de son âge, et qu'il n'est pas malade physiquement. Nous savons également ce que nous entendons par une intelligence normale. Toutefois, un enfant possédant un corps en bonne santé et une intelligence normale, ou au-dessus de la normale, peut se trouver très loin de la normale en tant que personnalité totale.

Nous pourrions nous référer au comportement et comparer un enfant avec d'autres enfants du même âge, mais les variations de la normale et du comportement auxquelles on s'attend sont tellement nombreuses que nous ne pourrions qu'hésiter avant de taxer un enfant d'anormal. Un enfant pleure lorsqu'il a faim. Quel est l'âge de l'enfant? Là est la question. Il n'est pas anormal de pleurer lorsqu'on a faim et lorsqu'on a un an. Un enfant prend une pièce dans le sac à main de sa mère. De nouveau, quel âge a-t-il? La plupart des enfants âgés de deux ans le font quelquefois. Ou encore, observez deux enfants qui, chacun, se comportent comme s'ils s'attendaient à être battus. Dans un cas, il n'y a pas de fondement réel à la peur, alors que dans l'autre, l'enfant est toujours battu à la maison.

Il se peut aussi qu'un enfant soit encore nourri au sein à l'âge de trois ans. Cela est très inhabituel en Angleterre mais c'est l'habitude dans certaines parties du monde. Ce n'est pas en comparant le comportement d'un enfant avec celui d'un autre que nous arriverons à comprendre ce que nous entendons par normal.

Ce que nous voulons savoir, c'est si la personnalité d'un enfant se construit normalement et si le caractère s'affirme sainement. Ce n'est pas l'intelligence qui réparera un blocage dans la maturation de la personnalité. Si le développement affectif d'un enfant a été bloqué à un certain moment, cet enfant aura besoin, lorsque les circonstances s'y prêteront, de revenir au comportement qu'il avait étant bébé ou petit enfant. Nous disons, par exemple, que quelqu'un se comporte comme un enfant si, chaque fois qu'il est frustré, il devient désagréable ou fait une attaque cardiaque. Une personne soi-disant normale a d'autres moyens de faire face à la frustration.

Je vais essayer de dire quelque chose de positif sur le développement normal, mais auparavant, soyons d'accord que les besoins et les sentiments des bébés sont extraordinairement puissants. Bien que la relation de l'enfant avec le monde ne fasse que commencer, il est essentiel de le considérer comme un être humain qui débute avec tous les sentiments intenses des êtres humains. Les gens adoptent toutes sortes de moyens pour essayer de retrouver les sentiments qui appartenaient à leur propre enfance, des sentiments qui ont de la valeur à cause de leur intensité.

Partant de cette hypothèse, nous pouvons penser à l'enfance comme à un processus progressif de construction de la faculté de croire. Cette faculté de croire les gens et de croire aux choses se construit petit à petit au moyen d'innombrables expériences bonnes. « Bonnes » signifie ici assez satisfaisantes et on peut dire du besoin ou de la pulsion qu'ils ont été légitimement satisfaits. Ces bonnes expériences sont un contrepoids aux mauvaises expériences, « mauvaises » étant le terme que nous employons lorsque la colère, la haine et le doute apparaissent, comme c'est inévitablement le cas. Tous les êtres humains doivent trouver un endroit à partir duquel agir et sur lequel construire, là dans le soi, une organisation de leurs besoins instinctuels. Tous les êtres humains doivent élaborer une méthode personnelle pour vivre, avec leurs pulsions, dans le monde particulier qui leur est alloué, ce qui n'est pas facile. En fait, ce qu'il faut surtout indiquer aux gens à propos des bébés et des enfants, c'est que la vie n'est pas facile pour eux, même si elle offre des tas de bonnes choses. On ne peut pas imaginer une vie sans pleurs, sauf lorsque nous rencontrons l'obéissance sans la spontanéité.

Partant du fait que la vie est naturellement difficile et qu'aucun bébé, aucun enfant, ne peut éviter d'exprimer ses difficultés, il s'ensuit que nous trouverons des symptômes chez tous les enfants. Pris séparément et dans certaines conditions, chacun de ces symptômes peut s'avérer le symptôme d'une maladie. Même le cadre familial le plus doux et le plus compréhensif ne peut modifier le fait qu'une évolution humaine normale est difficile. Un foyer parfaitement adapté serait même difficile à supporter parce qu'il n'y aurait pas de soulagement par l'intermédiaire de colères justifiées.

Nous en venons ainsi à l'idée qu'il existe deux significations au mot « normal ». L'une est utile au psychologue, à qui les normes sont nécessaires et qui doit appeler anormal tout ce qui est imparfait. L'autre est utile aux médecins, aux parents, aux maîtres lorsqu'ils désirent décrire un enfant qui, en fin de compte, paraît apte à devenir un membre satisfaisant de la société, cela en dépit de la présence évidente de symptômes et de problèmes venant d'un comportement difficile.

Je connais, par exemple, un petit garçon né prématurément. Les médecins diraient que c'est anormal. Pendant dix jours, il ne voulut pas téter et sa mère fut obligée de tirer son lait pour le lui donner dans un biberon. Cela est normal pour un enfant prématuré et anormal pour un enfant à terme. A partir du jour où il aurait dû naître, il prit le sein, bien que lentement et à son propre rythme. Dès le début, il exigea énormément de sa mère qui découvrit qu'elle ne pouvait réussir qu'en le laissant faire, en le laissant décider quand commencer et quand terminer. Pendant sa petite enfance, il prit l'habitude de se mettre en colère devant toute chose nouvelle et le seul moyen de l'habituer à utiliser une nouvelle tasse, une nouvelle baignoire ou un nouveau lit était de lui montrer l'objet nouveau et d'attendre qu'il s'en approche. Son besoin d'agir à sa guise était si grand qu'un psychologue l'aurait taxé d'anormal, mais parce que sa mère était disposée à le laisser faire, nous pouvons pourtant dire de cet enfant qu'il était normal. Une preuve ultérieure qu'il trouvait la vie difficile fut qu'il se mit à avoir des attaques très intenses de rage, dont il n'était pas possible de le consoler. La seule chose à faire était de le laisser dans son petit lit et d'attendre qu'il se retrouve. Au cours de ces crises, il ne reconnaissait pas sa mère si bien qu'elle ne pouvait lui être d'aucune utilité tant qu'il ne reprenait pas ses sens. Puis, elle redevenait une mère qu'il pouvait utiliser. L'enfant fut envoyé à un psychologue pour une étude particulière de son cas. Toutefois, pendant que la mère attendait un rendez-vous, elle découvrit que l'enfant et elle devenaient capables de se comprendre sans aide. Le psychologue les laissa faire. Il pouvait percevoir l'anormalité chez l'enfant et chez la mère, mais il préféra les appeler normaux et les laisser faire l'expérience utile de se tirer d'une situation difficile au moyen de leurs propres ressources naturelles.

Quant à moi, je décris un enfant normal de la manière suivante : un enfant normal *est capable* d'utiliser n'importe lequel des moyens offerts par la nature pour se défendre contre l'angoisse et un conflit insupportable, ou bien tous. Les moyens utilisés (dans la santé) ont un rapport avec l'aide disponible. L'anormalité se manifeste dans une *limitation* et une *rigidité* relatives à la capacité de l'enfant d'utiliser des symptômes et une absence relative de relation entre les symptômes et l'aide qu'on peut espérer. Bien entendu, il faut reconnaître que, dan la toute petite enfance, la capacité de juger quel type d aide est disponible est très limitée, d'où le besoin correspondant d'une adaptation étroite de la part de la mère.

Prenons le cas de l'énurésie, un symptôme assez courant auquel ont eu affaire toutes les personnes qui s'occupent d'enfants. Si, par l'énurésie, un enfant proteste effectivement contre une autorité stricte, s'attachant, pour ainsi dire, à défendre les droits de l'individu, le symptôme n'est pas une maladie. C'est plutôt un signe que l'enfant peut espérer conserver une individualité qui a été menacée d'une certaine manière. Dans la grande majorité des cas, l'énurésie fait son travail. Si on laisse du temps à l'enfant et si on lui donne des soins normalement bons, il deviendra capable d'abandonner le symptôme et d'adopter d'autres moyens d'affirmer sa personnalité.

Ou bien prenons le refus de la nourriture, autre symptôme courant. Il est absolument normal qu'un enfant refuse de la nourriture. Je suppose que celle que vous offrez est bonne, mais ce qui compte, dans la réalité, c'est qu'un enfant n'est pas toujours capable d'*éprouver le sentiment* qu'elle l'est. Un enfant ne peut pas *toujours* éprouver le sentiment qu'il mérite une bonne nourriture. Si on lui laisse le temps et si on le manie avec calme, l'enfant finira par découvrir ce qu'il appelle bon et ce qu'il appelle mauvais. En d'autres termes, il aura des goûts et des dégoûts, comme nous en avons tous.

Nous appelons symptômes ces moyens qui sont normalement utilisés par nos enfants et nous disons qu'un enfant normal est capable de manifester n'importe quelle sorte de symptôme selon les circonstances. Cependant, chez un enfant malade, ce ne sont pas les symptômes qui sont ennuyeux, c'est le fait qu'ils ne font pas leur travail et qu'ils sont aussi nuisibles pour l'enfant que pour la mère.

Donc, bien que l'énurésie et le refus de la nourriture

— et toutes sortes d'autres symptômes — puissent être des indications sérieuses de traitement, il n'en est pas toujours ainsi. En fait, il arrive que des enfants, qu'on peut certainement appeler normaux, manifestent ces symptômes et qu'ils les manifestent tout simplement parce que la vie est difficile, difficile d'une manière propre à tous les êtres humains dès le tout premier début.

D'où viennent les difficultés? *Premièrement*, il y a la rencontre fondamentale entre les deux sortes de réalité, celle du monde extérieur qui peut être partagée par chacun et celle du monde intérieur personnel de chaque enfant : sentiments, idées et imagination. Dès la naissance, chaque bébé est constamment mis en présence des faits du monde extérieur. Au cours des premières tétées, les idées sont comparées avec les faits. Ce qui est désiré, attendu, imaginé, est comparé à ce qui est fourni, à ce qui dépend, pour exister, de la volonté et du désir d'une autre personne. Pendant toute la vie, la détresse provenant de ce dilemme essentiel sera toujours présente. Même la meilleure réalité extérieure est décevante parce qu'elle n'est pas également imaginaire. Bien qu'elle puisse, peut-être, être dirigée dans une certaine mesure, elle n'est pas contrôlée magiquement. L'une des tâches principales de ceux qui s'occupent d'un petit enfant est de l'aider dans la transition pénible entre l'illusion et la désillusion, en simplifiant autant que possible le problème qui se pose immédiatement à l'enfant à un moment donné. Une grande partie des rages et des crises de colère de la petite enfance tournent autour de cette lutte décisive entre réalité intérieure et réalité extérieure et il faut reconnaître la normalité des tiraillements.

La découverte, par l'enfant, de la joie que procure la pulsion immédiate joue un rôle particulier dans ce processus de la désillusion. Cependant, si l'enfant doit devenir grand et se joindre à d'autres qui font partie d'un groupe, il faut qu'il renonce à une grande partie de la joie qui est du domaine de la spontanéité. Il n'est pourtant pas possible de renoncer à ce qui n'a pas été d'abord trouvé et possédé. Comme il est difficile que la mère soit sûre que chacun de ses bébés ait, à son tour, le sentiment d'avoir obtenu ce qui est essentiel de l'amour, avant de lui demander de s'accommoder de moins que le tout! On peut vraiment s'attendre à des heurts et à des protestations à propos d'un apprentissage aussi pénible et c'est normal.

Ensuite, *deuxièmement*, le bébé commence à découvrir, et c'est une découverte effrayante, que des pensées très destructives accompagnent l'excitation. En tétant, un enfant peut éprouver le besoin de détruire tout ce qui est bon, la nourriture et la personne qui offre cette nourriture. C'est très effrayant, ou cela le devient peu à peu lorsque le bébé s'aperçoit qu'il existe une personne derrière les soins maternels ou parce qu'il en vient à aimer beaucoup cette personne, qui, aux tétées, n'est là que pour être détruite ou utilisée. Outre cela, il éprouve le sentiment qu'il ne lui restera rien si tout est détruit. Qu'arrivera-t-il alors si la faim revient?

Que faire alors? Quelquefois, l'enfant cesse tout simplement d'avoir de l'appétit, gagnant ainsi la paix de l'esprit, mais perdant quelque chose de valable car, l'appétit perdu, l'expérience d'une satisfaction complète n'est plus possible. Ici donc, nous avons un symptôme : l'inhibition d'une voracité saine. Nous devons nous y attendre dans une certaine mesure chez des enfants que nous appellerons normaux. Si, tout en essayant mille ruses pour contourner le symptôme, la mère connaît sa signification, elle ne se paniquera pas et elle sera capable de gagner du temps, ce qui est toujours une bonne chose en matière de soins infantiles. Il est merveilleux de voir ce que le bébé de l'homme et l'enfant peuvent réussir si quelqu'un, qui est personnellement responsable, continue à agir naturellement d'une façon constante et calme.

Tout ceci ne concerne que la relation entre le bébé et la mère. Le temps ne vient que trop rapidement où, en plus des autres difficultés, surgissent celles qui appartiennent au fait que l'enfant s'aperçoit qu'il faut aussi compter avec le père. De nombreux symptômes que vous observez chez votre enfant ont trait aux complications qui surgissent naturellement de ce fait et de ce qu'il implique. Pourtant, nous ne voudrions pas qu'il n'y ait pas de père pour cette raison. L'apparition de toutes sortes de symptômes, conséquence directe de la jalousie d'un enfant à l'égard de son père ou de l'amour qu'il lui porte, ou bien du fait qu'il éprouve des sentiments mélangés, vaut mieux que d'aller de l'avant sans avoir à affronter cet autre fait difficile de la réalité extérieure.

L'arrivée de nouveaux enfants provoque aussi des perturbations qui, de même, sont désirables plutôt que déplorables.

Et, *enfin*, car je ne peux pas mentionner chaque chose, l'enfant commence vite à créer un monde intérieur personnel dans lequel des batailles sont perdues et gagnées, un monde dans lequel la magie règne. Les dessins des enfants et leurs jeux vous montreront quelque chose de ce monde intérieur qui doit être pris au sérieux. Parce qu'il est ressenti par l'enfant comme s'il était logé quelque part, parce qu'il est ressenti comme logeant dans le corps, vous devez vous attendre à ce que le corps soit impliqué. Toutes sortes de douleurs et de troubles corporels accompagneront, par exemple, les tensions du monde intérieur. En essayant de maîtriser ces phénomènes internes, un enfant aura des douleurs ou il fera des gestes magiques ou il dansera comme s'il était possédé — et je ne veux pas que vous pensiez que votre enfant est malade lorsque vous aurez affaire à ces « folies ». Vous devez vous attendre à ce qu'un enfant soit possédé par toutes sortes de personnes réelles et imaginaires, par des animaux et des objets ; quelquefois, ces personnes imaginaires et ces animaux sortiront, si bien que vous devez prétendre les voir également à moins que vous ne désiriez engendrer de la confusion en vous attendant à ce que votre enfant se montre grand alors qu'il n'est encore qu'un enfant. Et ne soyez pas surprise si vous devez vous occuper de compagnons imaginaires qui sont entièrement réels pour votre enfant, qui viennent de ce monde intérieur et qui, pour le moment, sont maintenus à l'extérieur de la personnalité pour quelque bonne raison.

Au lieu de continuer à expliquer pourquoi la vie est normalement difficile, je terminerai par un conseil amical. Vous pouvez miser sur l'aptitude au jeu de l'enfant. Si un enfant joue, peu importe la présence d'un symptôme ou deux ; si un enfant est capable de tirer du plaisir du jeu, seul ou avec d'autres enfants, il n'y a au fond rien de grave. Si, dans le jeu, une imagination riche est utilisée et si le plaisir qui dérive du jeu dépend d'une perception exacte de la réalité extérieure, vous pouvez être heureuse, même si l'enfant en question mouille son lit, bégaie, a des accès de colère ou souffre de façon répétée de mauvaise digestion ou de dépression. Le jeu montre que cet enfant est capable, si on lui offre un environnement suffisamment bon et équilibré, d'élaborer une manière personnelle de vivre et de devenir finalement un être humain complet, désiré en tant que tel et accueilli par le monde dans son ensemble.

5. L'enfant unique

Je vais parler des enfants qui, bien que vivant dans des foyers bons et normaux, n'ont ni frères, ni sœurs. Ce sont des enfants uniques. La question qui se pose est la suivante : dans quelle mesure cela a-t-il de l'importance qu'un enfant soit unique ou qu'il ait des frères et des sœurs ?

Aujourd'hui, lorsque je regarde autour de moi et que je vois tant d'enfants uniques, je me rends compte que de très bonnes raisons doivent exister pour n'avoir qu'un seul enfant. Bien entendu, nombreux sont les cas où les parents feraient n'importe quoi pour avoir une grande famille, mais une raison ou une autre se présente, qui rend cela impossible. Souvent, cependant, un plan conscient existe de n'avoir qu'un seul enfant et si l'on pose la question de savoir pourquoi un couple ne veut qu'un seul enfant, la raison donnée, je le suppose, est une question d'économie : « Nous ne pouvons tout simplement pas nous le permettre. »

Il est certain que les bébés coûtent cher. Je pense que ce serait faire preuve de légèreté que de conseiller à des parents de ne pas prendre en considération leurs motivations concernant l'aspect financier de la vie familiale. Nous connaissons tous des bébés, légitimes ou non, dispersés çà et là par des hommes et des femmes n'ayant pas un sens suffisant de leurs responsabilités. C'est ce sens des responsabilités qui, chez les jeunes gens, est à l'origine d'une hésitation naturelle avant de s'embarquer dans la création d'une grande famille. Si les gens désirent parler en termes d'argent, laissons-les dire, mais, en réalité, je pense que ce dont ils doutent, c'est d'être capables de nourrir une grande famille sans trop porter atteinte à leur liberté personnelle. Si deux enfants exigent réellement deux fois plus d'un père et d'une mère qu'un enfant unique, alors c'est aussi bien de calculer le coût avant. On peut seulement se poser la question de savoir si plusieurs enfants sont, en fait, un fardeau tellement plus important qu'un enfant unique.

Pardonnez-moi d'appeler un enfant un fardeau. Les enfants *sont* un fardeau et s'ils procurent de la joie, c'est parce qu'ils sont désirés et que deux personnes ont décidé de porter ce fardeau. En fait, elles se sont mises d'accord de ne pas parler de fardeau, mais de bébé. Il existe un dicton humoristique, plein de signification : « Puissent tous vos soucis n'être que petits ! (1) » Si nous parlions des enfants d'un point de vue sentimental, les gens cesseraient complètement d'en avoir ; il se peut que les mères aiment laver et raccommoder, mais n'oublions pas le travail et la générosité que tout cela implique.

Il y a des avantages certains à être enfant unique. Je pense que le fait que les parents peuvent se consacrer à un seul bébé signifie qu'il leur est possible de faire en sorte que le bébé ait une petite enfance sans complications, ce qui serait plus difficile autrement. Je veux dire que le bébé peut débuter avec la relation la plus simple possible, celle qui existe entre sa mère et lui ; ce morceau du monde devient peu à peu plus complexe, mais pas plus rapidement que le bébé qui grandit ne le permet. L'environnement simplifié qui est le fondement de son existence peut amener un sens de l'équilibre qui, à son tour, peut s'avérer précieux pour toute une vie. Naturellement, je devrais également parler d'autres choses importantes comme la nourriture, les vêtements et l'éducation, toutes choses que les parents peuvent plus facilement procurer à un enfant unique.

(1) En anglais : *little ones,* qui signifie à la fois petits et petits enfants. (N. d. T.)

Considérons maintenant quelques-uns des désavantages. Le désavantage évident d'être un enfant unique est de manquer de compagnons de jeux et de passer à côté de cette richesse d'expérience qui résulte des relations différentes qu'un enfant établit avec des frères et des sœurs plus âgés et plus jeunes. Il y a tant dans le jeu des enfants que les adultes ne peuvent pas comprendre. Même s'ils le comprennent, ils ne peuvent y participer pendant longtemps comme l'enfant le désirerait. En fait, si des adultes jouent avec un enfant, la folie naturelle du jeu de l'enfant devient trop évidente. Donc, s'il n'y a pas d'autres enfants, un enfant ne développe pas le sens du jeu et il perd les plaisirs qui appartiennent à l'inconséquence, l'irresponsabilité et l'impulsivité. La tendance est alors que l'enfant unique fasse preuve de précocité et préfère écouter et parler en compagnie d'adultes, qu'il aide sa mère dans la maison ou se serve des outils de son père. Cela devient bête de jouer. Les enfants qui jouent ensemble ont une capacité infinie d'inventer des détails au jeu et ils peuvent jouer pendant des heures sans se fatiguer.

Je pense toutefois qu'il y a une chose encore plus importante : avoir l'expérience de l'arrivée dans la famille d'un petit frère ou d'une petite sœur a de la valeur. Je ne saurais trop, en fait, surestimer la valeur de cette expérience. Il y a quelque chose de tout à fait fondamental dans le fait de la grossesse et un enfant perd beaucoup lorsqu'il ne voit pas les changements intervenant chez sa mère, lorsque, incapable d'être à l'aise sur ses genoux, il perçoit peu à peu la raison de cet état de choses et lorsque l'apparition finale du nouveau-né et le retour de sa mère à la normale lui apportent une preuve tangible de ce qu'il n'a jamais cessé de savoir secrètement. Même si beaucoup d'enfants trouvent cela difficile à accepter et sont incapables de venir à bout des sentiments et des conflits extraordinaires qui s'éveillent, il n'en reste pas moins vrai, je pense, que tous les enfants qui n'ont pas vécu cette expérience et qui n'ont jamais vu leur mère allaiter un bébé de ses seins, le baigner et le soigner, sont moins riches que ceux qui ont observé ces choses. Peut-être les petits enfants désirent-ils aussi avoir des bébés autant que les grandes personnes, mais il ne le peuvent pas et les poupées ne les satisfont que partiellement. Par procuration, ils peuvent avoir des enfants si leur mère en a.

Une chose qui fait particulièrement défaut à l'enfant unique, c'est l'expérience de découvrir la haine, la propre haine de l'enfant lorsque le nouveau bébé menace ce qui paraissait être une relation établie et sûre avec la mère et le père. C'est tellement courant que l'on trouve normal un enfant qui est perturbé par la naissance d'un nouveau-né. Le premier commentaire de l'enfant n'est habituellement pas flatteur : « Il ressemble à une tomate », s'écrie-t-il. En fait les parents devraient se sentir soulagés d'entendre, à la naissance d'un nouvel enfant, l'expression directe d'un recul conscient et même d'une haine violente. Cette haine se transformera peu à peu en amour lorsque le nouveau bébé deviendra un être humain avec lequel on peut jouer et de qui on peut être fier. La première réaction, cependant, sera peut-être une réaction de peur et de haine et il se pourrait que l'enfant désire mettre le nouveau bébé à la poubelle. Je pense que, pour un enfant, c'est une expérience très valable que de découvrir que le frère ou la sœur plus jeune, que l'on commence à aimer, n'est autre que le nouveau-né qui était détesté il y a quelques semaines et dont on souhaitait, en fait, la disparition. Pour tous les enfants, une grande difficulté est l'expression légitime de la haine et, pour l'enfant unique, l'absence relative d'occasions d'exprimer le côté agressif de sa nature est une chose grave. Les enfants qui grandissent ensemble jouent à toutes sortes de jeux et ont donc une chance de trouver un compromis avec leur agressivité ; ils ont des occasions valables de découvrir tout seuls que cela leur fait vraiment quelque chose lorsqu'ils font réellement du mal à une personne aimée.

Autre point : l'arrivée de nouveaux bébés signifie que le père et la mère s'aiment toujours. Personnellement, je pense que la venue de nouveaux bébés rassure valablement les enfants quant aux relations entre le père et la mère. Il est toujours d'une importance vitale pour les enfants qu'ils puissent éprouver le sentiment que la mère et le père sont attirés sexuellement l'un par l'autre, maintenant ainsi la structure de la famille.

Une famille de plusieurs enfants a un autre avantage sur celle qui ne possède qu'un enfant unique. Dans une grande famille, les enfants ont l'occasion de jouer, l'un par rapport à l'autre, toutes sortes de rôles différents et tout cela les prépare à vivre dans des groupes plus importants et, finalement, dans le monde. Lorsqu'ils grandissent, et surtout s'ils n'ont pas de nombreux cousins, les enfants uniques trouvent difficile de rencontrer des garçons et des filles d'une manière détachée ; ils ne cessent de rechercher des relations *stables*, ce qui peut effaroucher les gens qu'ils rencontrent fortuitement. Les membres de grandes familles, par contre, ont l'habitude de contacts avec les amis des frères et des sœurs et ils arrivent à l'age de l'indépendance avec une bonne dose d'expérience pratique dans les relations humaines.

Les parents peuvent certainement faire beaucoup pour un enfant unique et nombreux sont ceux qui préfèrent donner le meilleur d'eux-mêmes de cette manière, mais ils sont également appelés à souffrir. En temps de guerre, particulièrement, ils doivent se montrer très courageux lorsqu'ils laissent leur enfant partir au combat, bien que cela puisse être la seule bonne chose du point de vue de l'enfant. Les garçons et les filles ont besoin de se sentir libres de courir des risques ; c'est pour eux une frustration sérieuse s'ils ne le peuvent pas parce que, en tant qu'enfants uniques, ils pourraient causer trop de peine à leurs parents s'ils étaient eux-mêmes blessés. Il y a aussi le fait qu'un homme et une femme sont enrichis par chaque enfant qu'ils élèvent et qu'ils envoient dans le monde.

Il y a, en outre, la question des soins dont il faut entourer le père et la mère lorsque l'enfant devient adulte. Dans le cas de plusieurs enfants, la charge des parents peut être partagée. Il est évident que certains enfants uniques peuvent être écrasés par leur désir de s'occuper de leurs parents. Les parents devraient peut-être y penser à l'avance. Ils oublient quelquefois que lorsqu'ils se sont occupés de l'enfant, celui-ci a grandi rapidement. Il n'est resté petit que pendant quelques années. Par contre, il se peut que l'enfant ait à s'occuper des parents (et beaucoup désirent qu'il en soit ainsi) pendant vingt ou trente ans ou plus, en tout cas pendant une période indéfinie. S'il y a plusieurs enfants, il est beaucoup plus facile que la charge des parents vieillissants reste un plaisir jusqu'à la fin. Il arrive quelquefois, en fait, que de jeunes couples qui aimeraient avoir plusieurs enfants, soient incapables de le faire parce qu'ils ont la grande responsabilité de leurs parents vieillissants ou malades, qui n'ont pas eu assez d'enfants pour permettre de partager ce travail et d'y prendre donc du plaisir.

Vous remarquerez que j'ai parlé des avantages et des désavantages d'être un enfant unique en partant de l'hypothèse que l'enfant est un individu normalement sain, avec un bon foyer normal. On pourrait évidemment en dire beaucoup plus si l'on pense aux anomalies. Par exemple, les parents qui ont un enfant retardé ont un problème qui mérite d'être envisagé d'une manière particulière et nombreux sont les enfants dont il est si difficile de s'occuper que les parents se demandent naturellement si d'autres enfants ne seraient pas blessés par l'enfant difficile et le type d'autorité que cet enfant les force à adopter. Il y a aussi le cas, d'une importance qui n'est pas moindre, de l'enfant dont les parents sont malades d'une manière ou d'une autre — soit physiologiquement, soit psychologiquement. Certaines mères ou certains pères, par exemple, sont plus ou moins sujets à la dépression, ou bien ils s'inquiètent. Certains ont tellement peur du monde qu'ils édifient leur foyer sur le fondement que le monde est hostile. Un enfant unique doit découvrir cela et trouver seul une solution.

Un ami m'a dit une fois : « Pour moi, j'éprouvais un sentiment étrange d'être à l'étroit. Trop d'amour, trop d'attentions, trop d'esprit de possession font peut-être que l'on s'enferme avec ces parents qui s'imaginent, longtemps après que cela cesse d'être vrai, qu'ils sont tout au monde. Pour moi. c'était là le pire d'être un enfant unique et cela à un point infini. Apparemment, mes parents se comportèrent sagement à cet égard. Ils m'envoyèrent à l'école alors que je pouvais à peine marcher et ils me laissaient pratiquement vivre avec les enfants des voisins. Il y avait cependant à la maison cet étrange sentiment d'étroitesse, comme si les liens de la famille étaient infiniment plus importants que les autres. S'il n'y a personne dans la famille qui soit de votre âge, cela peut très bien remplir l'enfant d'orgueil. »

Vous aurez compris que, selon moi, il existe plus de raisons en faveur d'une famille nombreuse que d'une famille avec un seul enfant. Pourtant, il est beaucoup mieux d'avoir un ou deux enfants, et de faire son mieux pour eux, que d'avoir un nombre illimité d'enfants sans la force physique et la résistance affective pour s'en occuper. S'il ne doit y avoir qu'un seul enfant dans une famille et pas plus, il faut se souvenir qu'on peut inviter à la maison les enfants des autres et que cela peut commencer tôt. Le fait que deux petits enfants se tapent sur la tête ne signifie pas qu'ils n'auraient pas dû se rencontrer. Lorsqu'il n'y a pas d'autres enfants alentour, on peut avoir des chiens ou d'autres animaux familiers. Il y a aussi les écoles maternelles et les jardins d'enfants. Si les immenses désavantages de la solitude sont compris, on peut dans une certaine mesure y remédier, à condition que soit présente cette volonté d'y remédier.

6. Enfants jumeaux

La première chose à dire à propos d'enfants jumeaux est qu'il s'agit d'un phénomène parfaitement naturel et qu'il n'y a vraiment aucune raison de faire preuve de sentimentalité à leur égard ou de se moquer d'eux. Je connais de nombreuses mères qui ont été heureuses d'avoir des jumeaux et de nombreux jumeaux qui ont aimé leur état. Presque toutes les mères, cependant, disent qu'elles n'auraient pas choisi d'avoir des jumeaux si on leur avait laissé le choix et les jumeaux, même ceux qui paraissent très contents de leur sort, me disent habituellement qu'ils auraient préféré venir au monde séparément.

Les jumeaux ont leurs propres problèmes à résoudre. Quels que soient les avantages de leur état, il y a aussi des inconvénients. Si je peux vous aider, ce ne sera pas tellement en vous disant que faire, mais en vous donnant un ou deux aperçus de la difficulté principale.

Avant d'aller plus loin, il me faut vous rappeler qu'il existe deux sortes de jumeaux, car le problème n'est pas exactement le même dans chaque cas. Vous savez que chaque bébé se développe à partir d'une cellule minuscule, un ovule fécondé. Dès que l'ovule est fécondé, il commence à croître et il se divise en deux. Chacune de ces deux cellules se divise en deux, ce qui en fait quatre, puis les quatre cellules en deviennent huit et cela continue jusqu'à ce que le nouvel individu soit fait de millions de cellules différentes, toutes reliées ensemble et formant une unité, tout comme l'ovule original fécondé en formait une. Quelquefois, après la première division de l'ovule qui vient d'être fécondé, chacune des deux cellules se divise et se développe ensuite d'une manière indépendante et ceci est le commencement des jumeaux identiques : deux bébés qui se développent à partir du même ovule fécondé. Les jumeaux identiques sont toujours du même sexe et, habituellement, ils se ressemblent beaucoup, du moins au début.

Les autres jumeaux peuvent être du même sexe ou non car ils sont exactement comme n'importe quel frère et sœur, sauf qu'ils se sont développés à partir d'ovules qui se sont trouvés fécondés au même moment. Dans ce cas, les deux ovules croissent dans l'utérus l'un à côté de l'autre. Les jumeaux de cette sorte ne se ressemblent pas nécessairement, pas plus que d'autres frères et sœurs.

Si nous observons des jumeaux, identiques ou non, nous avons souvent le sentiment qu'il doit être bon que chaque enfant ait de la compagnie, qu'il ne soit jamais seul, surtout en grandissant. Il y a pourtant un écueil et, pour le comprendre, il nous faut nous souvenir de la manière dont les bébés se développent. Habituellement, compte tenu de bons soins normaux, les bébés commencent, immédiatement après la naissance, à établir les fondements de leur personnalité et de leur individualité et à découvrir leur importance propre. Nous apprécions tous les qualités que sont la générosité et une bonne volonté à admettre le point de vue d'une autre personne et nous espérons trouver ces qualités chez nos enfants. Toutefois, si nous étudions le développement affectif du bébé, nous nous apercevons que la générosité n'apparaît d'une manière saine et équilibrée que si elle se fonde sur une expérience primaire d'égoïsme. On pourrait dire que sans cet *égoïsme primaire*, la générosité d'un enfant est gênée par le ressentiment. N'importe, cet égoïsme primaire n'est rien de plus que l'expérience, par le bébé, d'un bon maternage, une bonne mère désirant, au début, s'adapter autant que possible aux désirs de son bébé, laissant ses pulsions dominer la situation et se contentant d'attendre sa capacité d'admettre, en grandissant, le point de vue de l'autre personne. Au début, une mère doit être capable de donner à son bébé un sentiment de possession, le sentiment qu'il a de l'autorité sur elle, le sentiment qu'elle a été créée pour lui. Au début, la vie personnelle de la mère ne s'impose pas au bébé. Un bébé qui aura l'expérience de l'égoïsme primaire sera capable, plus tard, de devenir généreux sans éprouver trop de ressentiment.

Normalement donc, lorsque les bébés arrivent l'un après l'autre, chaque petit être humain peut prendre le temps qui lui est nécessaire pour reconnaître que la mère a le droit d'avoir d'autres intérêts et on sait bien que tous les enfants trouvent que l'arrivée d'un nouveau bébé crée une complication, quelquefois très sérieuse. Jusque bien après le premier anniversaire, aucune mère ne s'inquiète que son bébé n'apprécie pas les avantages de la compagnie d'autres bébés ; même des enfants de deux ans peuvent, au début, se maltraiter plutôt que jouer ensemble. En fait, chaque bébé a son moment personnel pour accueillir un frère ou une sœur et c'est un moment important lorsqu'un petit enfant peut sincèrement permettre (c'est-à-dire donner) une nouvelle grossesse à sa mère.

Quant aux jumeaux, ils ont toujours un autre bébé à affronter. Et cela sans que se soit développée cette bonne volonté d'admettre une addition à la famille.

C'est maintenant que nous voyons la fausseté de l'idée que, dans les premiers mois, les petites choses n'ont pas d'importance. En effet, le fait que des jumeaux éprouvent, ou n'éprouvent pas, le sentiment que chacun possède une mère au début est très important. En outre, la mère qui a des jumeaux a une tâche supplémentaire, qui est de donner sur-le-champ, en même temps, la totalité d'elle-même à deux bébés. Dans une certaine mesure, elle ne peut qu'échouer et elle doit se contenter de faire de son mieux en espérant que les enfants finiront par trouver des avantages qui compenseront ce désavantage inhérent à leur sort.

Il est impossible qu'une mère satisfasse immédiatement les besoins de deux bébés. Par exemple, elle ne peut pas prendre chacun des bébés le premier, que ce soit pour les nourrir, les changer ou leur donner le bain. Elle peut faire de son mieux pour être juste et si, dès le début, elle prend cela au sérieux, elle sera récompensée. Mais cela n'est pas facile.

Elle s'apercevra en fait que son but n'est pas de traiter chaque enfant de la même manière, mais comme s'il était unique. Pour cela, elle essaiera dès la naissance de trouver des différences entre chaque bébé. C'est elle qui, mieux que quiconque, peut les distinguer facilement, même si au début il lui faut avoir recours à une petite tache sur la peau ou à un autre truc. Généralement, elle finira par s'apercevoir que les deux tempéraments sont différents et que si elle se comporte avec aisance en tant que personnalité totale par rapport à chacun, chacun développera des caractéristiques personnelles. Une grande partie des difficultés concernant les jumeaux vient du fait qu'ils ne sont pas distingués l'un de l'autre, même lorsqu'ils sont différents, soit parce que c'est amusant, soit parce que personne ne pense que cela en vaut la peine. Je connais un très bon home d'enfants où la directrice n'a jamais pu apprendre à distinguer une jumelle de l'autre, bien que les autres enfants n'aient pas éprouvé de difficulté à le faire. Les deux petites filles avaient en fait des personnalités tout à fait distinctes. La directrice avait pris l'habitude d'appeler chacune d'elles : « la jumelle ».

Ce n'est pas une solution que de vous occuper vous-même de l'un des jumeaux et de confier l'autre à une nurse. Il se peut que vous ayez à partager avec quelqu'un les soins des enfants et qu'il y ait de bonnes raisons à cela, comme, par exemple, un mauvais état de santé. Mais, par cette méthode, vous ne faites que reculer la difficulté, car un jour le jumeau que vous avez confié à quelqu'un sera très jaloux de celui que vous avez gardé, même si la personne qui vous aide lui a donné le meilleur maternage possible.

Les mères de jumeaux sont d'accord que, même lorsque des jumeaux sont parfois contents d'être pris l'un pour l'autre, ces mêmes enfants ont besoin que leur mère les reconnaisse sans difficulté. Il est essentiel, en tout cas, qu'il n'y ait pas de confusion chez les enfants eux-mêmes et c'est pour cette raison qu'il faut qu'il y ait quelqu'un dans leur vie qui les distingue clairement. Une mère que je connais avait des jumeaux identiques, exactement semblables pour des étrangers, mais distingués facilement par leur mère dès le début à cause de leur tempérament. Au cours de la première semaine, cette mère apporta un changement dans la routine des tétées parce qu'elle se mit à porter un châle rouge. L'un des jumeaux réagit au châle — à la vivacité de la couleur peut-être. Il le contempla et cessa de s'intéresser au sein. L'autre, par contre, ne se laissa pas influencer par le châle et téta comme à l'habitude. Cette expérience fit que la mère éprouva non seulement le sentiment que les jumeaux étaient bien deux personnes, mais aussi qu'ils avaient déjà cessé de vivre des expériences parallèles. Cette mère vint à bout de la difficulté de décider qui nourrir en premier, en ayant des biberons préparés à temps et en nourrissant pour commencer le bébé qui semblait le plus affamé. Il était habituellement facile de se décider en fonction des pleurs. Je ne veux pas dire que cette méthode conviendrait dans tous les cas.

Dans l'éducation de jumeaux, la complication principale vient certainement de cette question du maniement personnel de chaque jumeau, des soins personnels à donner à chacun afin que chacun d'eux puisse être reconnu complètement dans sa totalité et son unicité. Même s'il existait des jumeaux qui soient exactement identiques, il serait encore nécessaire que leur mère ait une relation complète avec chacun d'eux.

La mère dont je viens de parler m'a dit qu'elle avait trouvé bon de mettre l'un des bébés dans le jardin du devant pour dormir et l'autre dans celui de derrière la maison. Naturellement, il se peut que vous n'ayez pas deux jardins, mais vous pouvez arranger les choses de façon que lorsque l'un des bébés pleure, vous n'ayez pas toujours les deux en train de pleurer. Ce n'est pas seulement ennuyeux pour vous d'avoir deux bébés en train de pleurer en même temps, mais aussi pour eux. En effet, lorsqu'il pleure, un bébé aime dominer la scène. Avoir un rival dans la première enfance, au stade de la dictature naturelle, le rend fou. J'ai observé les conséquences de cet état de choses et elles peuvent persister longtemps dans une vie de jumeau.

J'ai dit que l'on appelle certains jumeaux des jumeaux identiques. Il est certain que cela ne veut rien dire. Si les enfants *étaient* identiques, ils seraient chacun le même, ils ne seraient qu'un, ce qui est absurde. Ils se ressemblent, mais ils ne sont pas identiques. Le danger, c'est que les gens les traitent comme s'ils l'étaient et, comme je l'ai dit, si les gens le font, les jumeaux se sentiront confus quant à leur identité. Or les bébés, même lorsqu'ils ne sont pas jumeaux, deviennent facilement très confus quant à leur identité et ce n'est que peu à peu qu'ils en deviennent sûrs. Comme vous le savez, il faut un bon moment pour que les enfants, qui utilisent déjà des mots, emploient les pronoms. Ils disent « maman », « papa », « encore » et « toutou » bien avant de dire « je », « tu » et « nous ». Il est très possible que des jumeaux, assis dans un landau, pensent chacun que l'autre n'est pas une personne séparée. En fait, il serait plus naturel qu'un bébé pense qu'il est lui-même à l'autre bout du landau (comme s'il était devant un miroir) que de se dire (dans son langage à lui) : « Tiens, voilà mon jumeau en face de moi. » Mais lorsque l'un d'eux est pris hors du landau, l'autre se sent perdu et frustré. Cette difficulté, que n'importe quel bébé peut éprouver, les jumeaux ne peuvent que la connaître et ils ne peuvent espérer s'en sortir que si nous jouons notre rôle et les reconnaissons comme deux personnes. Plus tard, si les jumeaux eux-mêmes prennent tout à fait confiance dans leur identité, ils prendront peut-être plaisir à exploiter leur ressemblance et alors, mais pas avant, arrive le moment de s'amuser et de jouer en brodant sur le thème d'une identité confondue.

Et pour finir : les jumeaux s'aiment-ils ? C'est une question à laquelle les jumeaux doivent répondre. De ce que j'ai entendu, je retire le sentiment que l'idée de jumeaux particulièrement attachés l'un à l'autre a besoin d'être approfondie. Ils acceptent souvent la compagnie de l'autre; pourtant, ils ne peuvent pas vous convaincre qu'ils aiment cet autre. Puis, un jour, ils s'aperçoivent q'ils se détestent profondément et il devient enfin possible qu'ils s'aiment. Cela ne correspond pas à tous les cas, mais lorsque deux enfants ont eu à s'accommoder bon gré mal gré l'un de l'autre, ils ne peuvent pas savoir s'ils auraient choisi de se connaître. Une fois la haine exprimée, l'amour a une chance. Aussi ne tiendrez-vous pas pour acquise l'idée que vos jumeaux désirent passer leur vie ensemble. Cela est possible. Le contraire aussi. Et ils vous seront peut-être reconnaissants d'être séparés par vous — ou par hasard comme dans le cas d'une rougeole — car il est beaucoup plus facile de devenir une personne totale seul qu'en compagnie de son jumeau.

7. Le vol et le mensonge

La mère qui a eu plusieurs enfants bien portants sait que chacun d'eux a eu, de temps en temps, des problèmes aigus, surtout vers l'âge de deux, trois ou quatre ans. Une petite fille a traversé une période pendant laquelle elle s'éveillait la nuit en hurlant, si bien que les voisins pensaient qu'on la maltraitait. Un autre enfant a tout à fait refusé l'apprentissage de la propreté. Le troisième était si propre et si sage que la mère avait peur qu'il ne manque complètement de spontanéité et d'esprit d'initiative personnelle. Un autre frère, par contre, était sujet à des rages terribles. Il lui arrivait de se cogner la tête et de retenir sa respiration jusqu'à ce que sa mère ne sache plus quoi faire et qu'il devienne bleu, au bord d'une convulsion. La liste est longue de ces choses qui ne manquent pas d'arriver dans la vie d'une famille. Parmi les accidents inquiétants qui se produisent, il en est un qui donne quelquefois naissance à des difficultés particulières. Il s'agit de l'habitude de voler.

Les petits enfants prennent très souvent des pièces dans le sac de leur mère. Habituellement, il n'y a là aucun problème. La mère accepte tout à fait la manière dont l'enfant se comporte, sortant tout du sac et mettant généralement tout en désordre. Elle est plutôt amusée lorsqu'elle s'en aperçoit. Il arrive même qu'elle ait deux sacs, l'un auquel l'enfant n'aura pas accès et l'autre, celui de tous les jours, accessible au petit enfant qui explore. Peu à peu, l'enfant perd cette habitude et on n'y pense plus. A juste titre, la mère a le sentiment que cela est sain et fait partie de la relation initiale de l'enfant avec elle-même et les gens en général.

Toutefois, nous comprenons aisément que, de temps à autre, une mère s'inquiète réellement que son petit enfant prenne des choses qui sont à elle et qu'il les cache. Elle a eu un enfant plus âgé qui avait l'habitude de voler. Il n'y a rien qui trouble plus le bonheur d'un foyer que la présence d'un enfant plus âgé (ou d'un adulte) capable de voler. A la confiance générale en chacun, à une habitude de laisser traîner facilement les choses, il faut substituer une technique spécialisée afin de mettre à l'abri les choses importantes comme l'argent, les chocolats, le sucre, etc. Dans ce cas, quelqu'un est malade à la maison. De nombreuses personnes éprouvent un sentiment très désagréable lorsqu'elles y pensent, elles se sentent mal à l'aise lorsqu'elles ont affaire au vol, tout comme elles le sont lorsqu'on parle de masturbation. Mis à part le fait d'avoir rencontré des voleurs, les gens peuvent se trouver très troublés par l'idée même du vol à cause des batailles qu'ils ont eux-mêmes remportées pendant leur propre enfance sur leurs propres tendances à voler. C'est à cause de ce sentiment inquiétant concernant de véritables vols que les mères s'inquiètent quelquefois sans nécessité de la tendance tout à fait normale des petits enfants à prendre des choses qui leur appartiennent.

En y pensant un peu, on verra que dans un foyer normal, un foyer dans lequel il n'y a personne de malade, personne qu'on puisse qualifier de voleur, il y a en fait beaucoup de vol, seulement on n'appelle pas cela du vol. Un enfant va dans le placard et prend un ou deux gâteaux, ou bien il s'octroie un morceau de sucre. Dans un bon foyer, personne ne traite de voleur l'enfant qui agit ainsi. (Pourtant, le même enfant, placé dans une institution, pourra être puni et stigmatisé à cause des règlements intérieurs.) Toutefois, pour la bonne marche de la maison, il se pourra que les parents aient besoin d'établir des règles. Ils décréteront peut-être que les enfants ont la permission totale de prendre du pain et une certaine sorte de gâteaux, mais qu'ils ne sont pas autorisés à toucher aux autres et qu'ils n'ont pas la permission de manger du sucre. Il y a toujours un certain degré de va-et-vient à cet égard et, dans une certaine mesure, la vie familiale consiste à établir une relation entre les parents et les enfants dans ces termes et des termes similaires.

Mais il ne suffit pas de dire à une mère qu'un petit enfant normal peut lui voler des choses et que cela ne veut rien dire du tout, sauf qu'il l'aime, puis de passer à la description de l'enfant plus âgé qui a une compulsion à voler. La mère qui réfléchit veut connaître le rapport entre ces deux phénomènes. Je vais essayer de définir cela clairement. Il y a, en tout cas, une frontière très indistincte entre ce que fait le petit enfant qui prend des choses à sa mère, d'une manière courante et saine, et ce qu'on appelle le vol chez un enfant malade et plus âgé. Dans la plupart des cas, lorsqu'un enfant plus âgé est malade de cette manière, on s'aperçoit que le premier vol était celui de pièces dans le sac de la mère ou de sucre dans le placard.

En outre, nous devons apprendre qu'il existe une période de transition normale au cours de laquelle le petit enfant se transforme en enfant légèrement plus âgé. Ce dernier commence à éprouver le sentiment que c'est mal de voler. Cette transition ne s'établit pas nécessairement facilement ou soudainement. Il est tout à fait normal que le petit enfant traverse une période difficile, un moment pendant lequel il est horrifié par l'idée du vol tout en continuant à voler. Cela peut se manifester dans la réaction à l'occasion de la naissance d'un autre enfant. Un enfant de quatre ans sera peut-être très indigné lorsque son petit frère ou sa petite sœur s'attaquera au sac de la mère et on le trouvera en train de battre le bébé pour ce qui est en réalité un acte tout à fait innocent. En même temps, cet enfant de quatre ans sera parfois capable de voler sa mère en secret.

On peut facilement imaginer quel sentiment extraordinaire de culpabilité pèse sur cette sorte de situation. L'enfant de quatre ans qui agit ainsi se trouve dans la situation douloureuse d'être séparé en deux personnes, l'une qui est plus férocement morale que les parents et l'autre qui, selon ses propres normes, est momentanément très méchante. Cet enfant se mettra automatiquement à mentir si on l'accuse soudainement. Si la mère ou le père prennent le garçon à part et le questionnent sur le vol, ils parleront au super-moraliste et, en fait, ils lui demanderont de reconnaître qu'il est un méchant voleur. De cela, il sera incapable et si l'investigation est poursuivie sans tact, l'enfant ne pourra que s'enfoncer dans la division de la personnalité. Les mensonges qu'il racontera représenteront sa propre tentative d'expliquer ce qu'il est, par la nature même des choses, incapable d'expliquer. Les parents qui comprennent cela pourront venir gentiment à bout des écarts occasionnels de l'enfant qui éprouve de la difficulté à effectuer la transition entre le vol naturel des premières années et le stade suivant dans lequel, si tout va bien, le soi strict et le soi impulsif de l'enfant établissent un compromis, si bien qu'il devient capable d'affronter ses pulsions amoureuses primitives sans troubler trop gravement son propre sens moral. En tout cas, les années passant, de nouvelles manières de se sortir de cette situation se présenteront. Les parents accorderont une allocation hebdomadaire absolument régulière, sur laquelle il pourra compter : l'argent de poche. Cela devancera la tendance à voler de l'argent. Il y aura aussi les anniversaires, Noël et les autres dates sur lesquelles on peut compter pour recevoir sûrement des cadeaux. La veille d'une journée de cadeaux, un enfant pourra permettre à son soi voleur de venir à la vie dans l'attente des cadeaux d'anniversaire et, dans une certaine mesure, il trouvera suffisamment de satisfactions au travers de ces expériences réelles pour que les tendances d'amour primitives, qui sont voraces, sans pitié et magiques, soient pour le moment satisfaites sans avoir à être niées et perdues pour lui. De plus, l'enfant grandissant, le corps deviendra plus maniable. Les excitations d'une sorte ou d'une autre viendront sous le contrôle du reste de la personnalité et il deviendra possible de faire des choses délibérément. La confiance dans le monde s'accroissant, l'enfant deviendra capable d'attendre. Les excitations sexuelles se lieront alors à des idées concernant les personnes et s'enrichiront donc de ce que ces personnes pourront elles-mêmes apporter à cette relation en termes de valeurs positives et de compréhension. Par ces moyens, et d'autres, l'enfant normal qui possède un bon foyer normal se transformera sans incident antisocial grave en un être social.

8. Visite aux enfants hospitalisés

Les enfants ont tous un fil de vie qui commence, en tout cas, dès la naissance et nous devons veiller à ne pas le briser. Il existe, à l'intérieur, un processus de développement continu qui ne peut progresser d'une manière régulière que si les soins donnés au bébé ou au petit enfant sont également réguliers. Dès que le nourrisson commence à établir des relations personnelles avec les gens, ces relations sont très intenses et on ne peut y toucher sans danger. Il n'est pas nécessaire que je m'attarde sur ce point car les mères ont une répugnance naturelle à laisser leurs enfants s'éloigner avant que ceux-ci ne soient prêts pour cette expérience et, bien entendu, elles sont très désireuses de leur rendre visite s'ils viennent à se trouver éloignés du foyer.

Il existe, à l'heure actuelle, une vague d'enthousiasme pour les visites à l'hôpital et l'ennui, avec les vagues d'enthousiasme, c'est qu'elles peuvent faire oublier les difficultés réelles et qu'une réaction intervient tôt ou tard. La seule chose raisonnable est de faire comprendre aux gens qu'il y a des raisons pour, et des raisons contre, le droit de visite. Du point de vue des soins, certaines difficultés réellement importantes existent.

Si vous étiez infirmière, on pourrait vous poser la question de savoir pourquoi vous faites ce travail. Au début, peut-être se serait-il tout simplement agi de gagner votre vie, mais vous auriez vite découvert que cela vous passionnait et vous vous seriez donné beaucoup de mal pour apprendre toutes les techniques très compliquées. En fin de compte, vous seriez devenue infirmière et, en tant qu'infirmière, vous auriez travaillé de longues heures. Cela sera toujours vrai parce qu'il n'y aura jamais assez de bonnes infirmières et qu'il est difficile de partager ce travail. Pensez à ce que c'est que d'avoir la responsabilité absolue de vingt ou trente enfants qui ne sont pas à vous. Nombreux sont les enfants qui sont très malades et qui ont besoin d'être maniés avec soin. Vous seriez responsable pour tout ce qu'on leur fait et même pour ce que feraient les infirmières plus jeunes en votre absence. Vous deviendriez terriblement désireuse que les enfants aillent bien — et cela peut vouloir dire qu'il faut suivre des indications très précises, établies par le médecin. Par ailleurs, vous auriez affaire aux médecins et aux étudiants en médecine, qui sont aussi des êtres humains.

Lorsque les visites sont interdites, l'infirmière prend l'enfant sous son aile et le meilleur de ce qui existe en elle s'éveille. Très souvent elle préfère être là plutôt qu'en congé parce qu'elle ne cesse de se demander ce qui se passe dans son service. Certains enfants deviennent très dépendants de l'infirmière et ne peuvent supporter de la laisser partir en congé sans lui dire au revoir. Ils veulent aussi savoir exactement quand elle reviendra. Tout ceci relève de ce qu'il y a de meilleur dans la nature humaine.

Et maintenant, qu'arrive-t-il lorsque les visites sont permises ? Une différence intervient immédiatement ou, en tout cas, peut intervenir : la responsabilité de l'enfant n'est alors plus entièrement du ressort de l'infirmière. Cela peut marcher très bien et l'infirmière sera peut-être heureuse de partager ses responsabilités. Mais, si elle est très occupée et surtout s'il se trouve dans son service des cas très fatigants et, au cours des visites, des mères très fatigantes, il est beaucoup plus simple de tout faire soi-même plutôt que de partager.

Vous seriez surprise si je commençais à vous raconter tout ce qui peut se passer pendant les heures de visite. Les parents partis, les enfants sont très souvent malades et ce qu'ils vomissent permet de savoir ce qui s'est passé. Ces petits épisodes de maladie après les visites ne sont peut-être pas très graves, mais ils peuvent révéler qu'on a donné des carottes à des enfants qui n'auraient pas dû en avoir ou que l'enfant qui suit un régime a eu des bonbons, ce qui brouille complètement toutes les recherches sur lesquelles doit être fondé son futur traitement.

Le fait est que, pendant les visites, l'infirmière perd le contrôle de la situation et je pense qu'elle n'imagine vraiment pas ce qui se passe quelquefois pendant ce temps. Et il n'y a pas moyen de faire autrement. Les écarts de nourriture mis à part, il y a aussi le danger de la contagion.

Une autre difficulté, comme une très bonne infirmière qui dirige un service dans un hôpital me l'a dit, vient de ce que, depuis qu'elles ont été autorisées à faire des visites journalières, les mères pensent que leur enfant pleure toujours à l'hôpital, ce qui n'est tout simplement pas vrai. Il est exact que si vous rendez visite à votre enfant, vos visites provoqueront souvent de la détresse. Toutes les fois que vous lui rendez visite, vous entretenez le souvenir que l'enfant a de vous, vous faites revivre le désir d'être à la maison. Il arrive donc souvent que vous ne puissiez pas partir sans que votre enfant se mette à pleurer. Selon nous, toutefois, cette sorte de chagrin ne fait pas autant de mal à l'enfant que le chagrin qui s'est transformé en indifférence. S'il vous faut rester éloignée de l'enfant pendant une période si longue que vous serez oubliée, l'enfant s'en remettra au bout d'un jour ou deux et son chagrin s'arrêtera. Il adoptera les infirmières et les autres enfants et une vie nouvelle commencera pour lui. Dans ce cas, vous serez oubliée et, plus tard, il faudra qu'il se souvienne de vous.

Ce serait mieux si les mères se contentaient de venir voir leurs enfants pour quelques minutes, disparaissant ensuite. Mais, naturellement, les mères ne l'entendent pas ainsi. Comme on peut s'y attendre, elles viennent et passent tout le temps permis dans le service. Certaines paraissent presque « faire l'amour » à leur enfant. Elles lui apportent toutes sortes de cadeaux, surtout de la nourriture, et elles exigent une réponse affectueuse.

Puis, elles mettent beaucoup de temps à partir, elles continuent à dire au revoir à la porte jusqu'à ce que l'enfant soit tout à fait épuisé par l'effort de prendre congé. A la sortie, il arrive aussi qu'elles aillent voir la surveillante et se plaignent de ce que l'enfant ne soit pas couvert assez chaudement, qu'il n'ait pas assez à manger au dîner, ou de quelque autre chose. Il n'y a que quelques mères qui profitent de leur départ pour saisir cette occasion de remercier la surveillante pour ce qu'elle fait, ce qui est réellement très important. Il est très difficile d'admettre que quelqu'un s'occupe de votre propre enfant aussi bien que vous le feriez vous-même.

Aussi, vous comprenez que si on demandait à l'infirmière, juste après le départ des parents, ce qu'elle ferait — si elle en avait le pouvoir — en ce qui concerne les visites, elle pourrait très bien répondre : « J'annulerais le droit de visite. » Elle serait pourtant d'accord, à un autre moment plus favorable, que le droit de visite est une chose naturelle et une bonne chose. Médecins et infirmières se rendent compte que tout cela en vaut la peine si on peut le supporter et demander aux parents de coopérer.

Je disais que nous nous apercevons que tout ce qui fragmente la vie de l'enfant est dangereux. Les mères le savent et elles sont heureuses que le droit de visite leur permette de conserver le contact avec leur enfant pendant le temps où les soins hospitaliers sont malheureusement nécessaires.

Il me semble que lorsque les enfants *se sentent* malades, tout le problème est beaucoup plus facile. Chacun comprend ce qu'il a à faire. Les mots paraissent tellement inutiles lorsqu'on parle à un tout-petit et ils ne sont pas nécessaires lorsqu'un enfant se sent très malade. L'enfant éprouve simplement le sentiment qu'on va faire quelque chose et que cela va l'aider. Même s'il pleure, il accepte de séjourner à l'hôpital lorsque c'est nécessaire. Mais lorsqu'il faut hospitaliser un enfant à un moment où il ne se sent pas mal, les choses sont entièrement différentes. Je me souviens d'une petite fille qui jouait dans la rue et qui se sentait bien lorsqu'une ambulance survint soudainement pour l'emmener à l'hôpital. On venait de découvrir — un examen de la gorge ayant été effectué la veille — qu'elle portait le microbe de la diphtérie. Vous pouvez imaginer combien cela a dû être épouvantable pour cette petite fille qui n'a même pas eu la permission de rentrer chez elle pour dire au revoir à sa famille. Lorsque nous ne pouvons pas donner d'explications, nous devons nous attendre à une certaine perte de la confiance. En fait, l'enfant à laquelle je pense ne s'est jamais réellement remise de cette expérience. Le résultat final aurait peut-être été meilleur si les visites avaient été permises. Ne serait-ce que pour cela, il me semble que les parents devraient être autorisés à visiter un enfant se trouvant dans un cas semblable, afin de recueillir sa colère alors qu'elle est brûlante.

J'ai dit que les soins hospitaliers pouvaient être *malheureusement* nécessaires, mais le contraire peut être vrai aussi. Lorsque votre enfant est suffisamment grand, un séjour à l'hôpital ou loin du foyer chez une tante peut avoir beaucoup de valeur car il permet que le foyer soit perçu de l'extérieur. Je me rappelle qu'un garçon de douze ans m'a dit, après avoir été pendant un mois dans un foyer de convalescence : « Tu sais, je ne pense pas que maman m'aime vraiment. Elle me donne toujours ce que je veux, mais il me semble qu'elle ne m'aime pas réellement. » Il avait tout à fait raison. Sa mère faisait tout ce qu'elle pouvait, mais elle avait de grosses difficultés personnelles qui créaient des difficultés dans ses rapports avec ses enfants. Pour ce garçon, il était très sain d'être capable de voir sa mère de loin. Lorsqu'il revint chez lui, il était capable d'affronter la situation familiale d'une manière nouvelle.

A cause de leurs difficultés personnelles, certains parents ne sont pas l'idéal. Comment cela affecte-t-il les visites à l'hôpital ? Eh bien, si les parents se querellent devant l'enfant au cours de la visite, c'est, sur le

moment, une chose qui est naturellement très pénible —
et, après, l'enfant s'inquiète. Cela peut gravement com-
promettre le retour de l'enfant à la santé physique.
D'autres parents ne tiennent pas leurs promesses. Ils
disent qu'ils viendront ou qu'ils apporteront un jouet
ou tel livre, mais ils ne le font pas. Il y a aussi le problème des parents qui, tout en apportant des cadeaux, des vêtements, tout en faisant des tas de choses
naturellement très importantes, ne peuvent tout simplement pas donner un baiser au bon moment. Ces
parents peuvent trouver plus facile d'aimer leur enfant
dans les conditions difficiles d'un service hospitalier.
Ils viennent tôt et restent aussi longtemps que possible,
et ils apportent de plus en plus de cadeaux. Après leur
départ, l'enfant peut à peine respirer. Une petite fille
m'implora une fois (c'était aux alentours de Noël) :
« Emmène tous ces cadeaux loin du lit. » Elle était
tellement submergée par le fardeau de l'expression d'un
amour qui avait pris cette forme indirecte et qui n'avait
rien à voir avec son humeur.

Il me semble que les enfants de parents autoritaires,
de parents sur lesquels il est difficile de compter, de
parents très nerveux, peuvent retirer un soulagement
momentané de se trouver à l'hôpital *sans visites*.
L'infirmière de notre service a quelques enfants comme
cela sous sa responsabilité et nous pouvons comprendre
son point de vue lorsque, par moments, elle éprouve
le sentiment que *tous* les enfants seraient mieux s'ils
n'avaient pas de visites. Elle s'occupe également d'enfants dont les parents habitent trop loin pour pouvoir
leur rendre visite et, ce qui est le plus difficile, d'enfants
qui n'ont pas de parents du tout. Bien entendu, le
droit de visite n'aide pas l'infirmière dans les soins
de *ces* enfants, qui ont des exigences particulières, à
son égard et à celui des autres infirmières, à cause de
leur peu de confiance dans les êtres humains. Pour
des enfants qui n'ont pas un bon foyer, un séjour à
l'hôpital peut s'avérer la première expérience bonne.
Certains d'entre eux ne croient même pas suffisamment
aux êtres humains pour être tristes. Ils sont amicaux

avec tous ceux qui se présentent et lorsqu'ils sont seuls, ils se balancent d'arrière en avant ou se cognent la tête contre l'oreiller ou les côtés du lit. Il n'y a pas de raison pour que votre enfant souffre parce qu'il y a, dans le service, des enfants qui ont tout perdu, mais vous devriez néanmoins savoir que l'infirmière en chef peut avoir des difficultés à manier ces enfants moins heureux parce que d'autres enfants reçoivent des visites de leurs parents.

Lorsque tout va bien, le résultat principal d'un séjour à l'hôpital peut très bien être que les enfants adoptent un nouveau jeu à leur sortie. Ils jouaient « au papa et à la maman », naturellement ensuite « à la maîtresse ». Ils jouent maintenant « au médecin et à l'infirmière ». La victime est quelquefois le bébé ou une poupée, un chat ou un chien.

Ce que je veux dire principalement, c'est que l'avènement du droit de visiter les enfants à l'hôpital est un progrès important ; en fait, une réforme dont le besoin se faisait sentir depuis longtemps. J'accueille ce nouveau progrès comme un élément qui diminue la détresse et qui, dans le cas d'un tout-petit qui doit passer un certain temps à l'hôpital, peut facilement faire toute la différence entre le bon et le vraiment mauvais. Et c'est justement parce que je pense que les visites à l'hôpital sont si importantes que j'attire l'attention sur des difficultés qui peuvent êtret rès réelles.

Aujourd'hui, lorsque nous pénétrons dans un service d'enfants, nous voyons des petits enfants debout sur leur lit, avides de trouver quelqu'un à qui parler et, souvent, nous sommes accueillis par ces mots : « Ma maman va venir me voir. » Ces explosions de fierté sont un phénomène nouveau. Je dirai encore quelques mots au sujet d'un petit garçon de trois ans qui pleurait et que les infirmières essayaient vainement de consoler. Il ne servait à rien de le cajoler. Il ne le désirait pas. Elles découvrirent enfin qu'une certaine chaise devait être placée auprès de son petit lit. Cela le calma, mais il fallut un certain temps avant qu'il puisse expliquer : « C'est pour que Papa s'assoie dessus lorsqu'il viendra me voir demain. »

Vous voyez donc que les visites à l'hôpital importent plus que la prévention d'une éventuelle contagion. Il est bon, cependant, que les parents essaient de comprendre les difficultés, afin que médecins et infirmières soient capables de supporter cette chose qu'ils savent être bonne, mais dont ils savent aussi qu'elle peut gâter la qualité du travail qu'ils font pour vous et qui est lourd de responsabilités.

9. Le problème de l'adoption

Je désire apporter mon soutien à l'idée généralement admise que tous les enfants adoptés devraient savoir qu'ils sont adoptés. Ils devraient le savoir aussitôt que possible et il faudrait que ce soient les parents adoptifs qui les informent. Mais, plus qu'une opinion, ce sont les raisons de cette manière d'agir que vous voulez connaître. La principale, c'est que les enfants finiront par découvrir la vérité d'une façon ou d'une autre. Chez un garçon ou une fille, tous deux normaux, j'ai souvent observé que la cause d'un changement pour le pire provenait d'une remarque entendue sur le chemin de l'école, émanant de l'enfant d'une voisine qui répétait ce qu'il avait entendu dire par des adultes qui ne savaient pas que leur conversation était écoutée.

Il faut se souvenir que les enfants vivent des vies complètes et qu'ils sont appelés à rencontrer la haine et la rancune aussi bien que le plaisir et les jeux. A un moment imprévisible, des mots jaillissent, intentionnellement chargés de méchanceté : « Tu n'es pas l'enfant de tes parents. » En elle-même, la méchanceté ne ferait pas de mal — elle fait partie de la vie et elle est mêlée à la gentillesse — mais, pour l'enfant adopté, la pointe est dans la découverte, une découverte qui, en elle-même, pourrait ne pas être nécessairement mauvaise.

Ainsi que nombre d'entre vous le savent bien, il n'est pas nécessairement déplaisant d'être un enfant adopté. Pourtant, il arrive que cela le soit.

Très occasionnellement, la vérité ne peut être dite

à un enfant adopté et tout le monde est d'accord sur le sujet. Ce qui compte, toutefois, c'est que l'enfant adopté finira presque certainement par savoir la vérité. Or, c'est vous qui pouvez le mieux l'informer et cela dès que possible.

Comment ferez-vous? Je ne sais pas exactement. Vous trouverez votre manière, la manière qui convient à votre nature. Les parents me disent souvent qu'ils ont intentionnellement choisi une histoire à raconter avant de s'endormir, une de celles qu'on répète indéfiniment ou dans laquelle on avance un peu chaque soir. D'une façon ou d'une autre, cette histoire introduit le thème d'un animal ou d'un enfant perdu, qui a été trouvé. Presque tous les petits enfants aiment ces histoires, qu'il suffit de raconter avec une richesse et un soin particuliers. Le moment arrive où vous commencez à indiquer qu'elle a un rapport avec le cas de votre enfant.

Quand faut-il intervenir? En principe, je pense qu'il n'y a jamais un moment qui convienne particulièrement. Arrivée à un certain point de l'histoire, vous ajoutez une remarque personnelle : « C'était comme cela pour Tim ou Hélène. » Vous retenez votre respiration car vous comprenez très bien l'implication extraordinaire de cette simple remarque, mais elle semblera généralement passer inaperçue. Pourtant, ce que vous aurez dit sera vrai et c'est pourquoi vous vous sentirez mieux. Les choses évolueront peu à peu sur une base de vérité et non de mensonge et votre petit enfant grandira sans la vulnérabilité qu'une fausse situation pourrait engendrer.

Il se peut que vous trouviez cela très facile ou très difficile. Je comprends très bien que cela puisse être difficile, surtout le premier plongeon. Mais, je peux vous assurer que l'angoisse constante qui naît du mensonge est plus dure à supporter que le moment de panique provoqué par la première manifestation de la vérité.

Le grand mérite de cette méthode, c'est qu'elle laisse la porte ouverte à la question de savoir de quel ventre l'enfant est sorti. Cette question intéresse profondément tous les enfants, mais la vérité sur ce qui se passe à l'intérieur est encore plus nécessaire à l'enfant adopté qu'à votre propre enfant. Je pourrais dire qu'un enfant à vous peut se contenter d'approximations, mais pas votre enfant adopté. De plus, votre enfant adopté aura besoin, un peu plus tard, d'informations plus précises sur le sexe, informations que votre propre enfant pourra acquérir d'une manière plus fortuite. Je parle du sexe chez les animaux et non chez les plantes. La botanique n'est pas suffisante.

Il y a une raison pour laquelle cela vaut la peine de se donner tout ce mal. Comme vous le voyez, c'est à l'esprit de l'enfant que vous avez affaire. Or, les choses les plus fondamentales ont des racines plus profondes que le souvenir personnel. *D'une manière corporelle*, le petit enfant sait qu'il y avait un état (que nous appelons vie intra-utérine, soins maternels, maternage suffisamment bon), un état dont il ou elle a émergé en tant qu'individu. Ce que vous essayez de faire, c'est d'empêcher la confusion *dans l'esprit* de l'enfant. Vous essayez de fournir les conditions qui permettront à l'enfant adopté de lier tous ces souvenirs corporels à la pensée, à l'imagination, à la compréhension.

Le mot « imagination » m'amène au point suivant. Tous les enfants s'imaginent descendre de parents qui ne sont pas les leurs — peut-être d'un roi et d'une reine. Dans la vie de certains, ces idées jouent un rôle important. Ce sont des fantasmes qui sont valables et qui ne sont pas dangereux. Ils entrent dans le matériel de jeu des enfants, côte à côte avec les identifications étroites et réelles au père et à la mère qui caractérisent le jeu « du papa et de la maman » ou celui de la famille. Tout cela est la preuve d'une aptitude qui s'affirme et qui vise à établir une différence entre la réalité et le rêve. Ici, l'enfant adopté se trouve devant une tâche particulière puisque le fantasme d'autres parents se mélange au fait qu'il y a d'autres pare t. (qui ne sont pas disponibles). Les vrais parents seront-ils perçus comme réels tandis que vous deviendrez une sorte de rêve vécu, ou bien serez-vous les parents indiscutables pendant que l'imagination joue autour de l'idée de vrais parents ?

Il n'y a pas de réponse à cette question, si ce n'est celle que votre enfant adopté donnera en établissant sa manière de vivre.

Bien plus que les parents qui s'occupent de leurs propres enfants, les parents adoptifs ont besoin de savoir ce que signifie le développement de l'enfant. Avec leurs propres enfants, les parents peuvent se laisser aller à toute leur intuition, sauf lorsque les choses vont mal et que l'enfant manifeste des symptômes de maladie. Il est nécessaire, par contre, de penser aux enfants adoptés même lorsqu'ils sont en bonne santé.

Il est très naturel qu'un adolescent ou une adolescente cherche à découvrir tout ce qu'il y a à découvrir sur les parents véritables. J'ai aidé des adolescents dans cette sorte de recherche. Il semble quelquefois que si des faits sont à découvrir, il faut qu'ils le soient. Si cela arrive à votre enfant adopté, j'espère que vous ne prendrez pas cela comme une injure. Il est certainement dans l'ordre des choses qu'un être humain cherche à connaître le commencement. Au cours de l'adolescence, les enfants commencent à s'intéresser à l'hérédité. En particulier, le besoin apparaît de savoir que répondre à l'ami (ou l'amie) qui poserait une question difficile. Derrière tout cela, il y a l'imagination qui s'accroche à des questions vitales alors que, dans le cas de votre propre garçon ou de votre propre fille, le pire est connu. Et aussi le meilleur.

L'ennui, c'est qu'il n'est pas toujours possible d'aider un garçon ou une fille dans cette recherche, ni même d'expliquer pourquoi. Il faut nous attendre dans ces cas à ce que notre attitude engendre de la colère et donne naissance à des réactions désagréables. Peut-être est-il mieux que vous ne sachiez sincèrement rien, comme c'est habituellement le cas, ce qui est bien. Lorsque nous savons, nous pouvons parler et je ne crois pas qu'une bonne relation existant entre enfants adoptés et leurs parents puisse être troublée par la découverte des faits.

Beaucoup d'entre vous peuvent déjà se vanter d'avoir réussi avec leurs enfants adoptés et peut-être êtes-vous maintenant grands-parents. Et il se peut que vous pensiez qu'une partie de ce que j'ai dit est complexe, sans nécessité. Il y a pourtant des parents adoptifs qui ont été déçus, non pas tellement parce que les choses ont mal tourné que parce qu'on ne leur a pas parlé des difficultés ou parce qu'ils s'attendaient à autre chose. Si tout s'est bien passé et si vous n'avez pas eu de difficultés, tout ce que je peux dire, c'est que vous avez fait encore mieux que vous ne le pensiez.

10. Premiers pas vers l'indépendance

La psychologie peut s'avérer superficielle et facile, ou bien profonde et difficile. La chose curieuse, toutefois, en ce qui concerne l'étude des premières activités des bébés et des objets auxquels ils ont recours pour s'endormir ou lorsqu'ils sont inquiets, c'est que ces activités paraissent relever d'une couche entre le superficiel et le profond, entre le simple examen des faits évidents et une pénétration dans les royaumes obscurs de l'inconscient. C'est pour cette raison que je désire attirer l'attention sur l'usage que les bébés font des objets ordinaires et montrer que les observations couramment effectuées et les faits quotidiens peuvent nous apprendre beaucoup de choses.

Mon sujet n'a pas trait à une chose plus compliquée que l'ours en peluche de l'enfant normal. Tous ceux qui se sont occupés d'enfants ont des détails intéressants à donner, détails qui sont aussi caractéristiques, pour chaque enfant, que les autres schémas de comportement et qui ne sont jamais exactement semblables dans deux cas différents.

Au commencement, comme chacun le sait, les petits bébés mettent généralement leur poing dans la bouche, puis très rapidement ils ont leur propre façon de faire. Ils choisissent de sucer un certain doigt, ou bien deux, ou le pouce, tandis que l'autre main caresse la mère, un morceau du drap, de la laine ou encore leurs propres cheveux. Deux choses se passent ici. La première — la partie de la main qui se trouve dans la bouche — a un rapport évident avec l'excitation des repas. La seconde est un peu plus éloignée de l'excitation, elle est plus proche de l'affection. A partir de cette activité de câlinerie affectueuse peut se développer une relation avec un objet qui se trouve aux alentours et cet objet peut devenir très important pour le bébé. En un sens, il s'agit de la première possession, c'est-à-dire de la première chose au monde qui appartienne au nourrisson et qui pourtant ne fasse pas partie de lui comme le pouce, les deux doigts ou la bouche. Quelle que soit l'importance de cet objet, il est donc la preuve d'un commencement de relation avec le monde.

Ces choses se développent de pair avec le début d'un sentiment de sécurité et avec les débuts de la relation du bébé à une autre personne. Elles prouvent que tout va bien dans le développement affectif de l'enfant et que des souvenirs de relations commencent à se construire. Ceux-ci peuvent être utilisés à nouveau dans la nouvelle relation avec cet objet auquel, en ce qui me concerne, j'aime donner le nom d'objet transitionnel. Naturellement, ce n'est pas l'objet lui-même qui est transitionnel. Il représente la transition du bébé d'un état de fusion avec la mère à un état de relation avec la mère en tant que personne extérieure et séparée.

Bien que mon désir soit de mettre l'accent sur le fait que ces phénomènes impliquent un état de santé, je ne voudrais pas donner l'impression que quelque chose ne va nécessairement pas bien si le bébé ne se crée pas des intérêts semblables à ceux que je décris. Dans certains cas, la mère elle-même est conservée et sa personne est nécessaire au bébé alors qu'un autre bébé trouvera suffisamment bon et même parfait cet objet que j'appelle transitionnel, à condition que la mère soit à l'arrière-plan. Il est courant, toutefois, qu'un petit bébé s'attache particulièrement à un objet quelconque, qui est bientôt doté d'un nom, et c'est amusant de rechercher l'origine de ce nom. Elle se trouve souvent dans quelque mot que le bébé a entendu longtemps avant que le langage lui soit possible. Rapidement, naturellement, les parents et les amis offrent au bébé des jouets en peluche qui (peut-être pour la sauvegarde des grandes personnes) ont la forme d'animaux ou de bébés. Du point de vue du tout-petit, les formes ne sont pas tellement importantes et ce sont plutôt la texture et l'odeur qui acquièrent une signification vitale. L'odeur est particulièrement importante, si bien que les parents en viennent à savoir que ces objets ne peuvent pas être lavés impunément. Des parents, par ailleurs propres, se trouvent forcés de transporter partout avec eux un jouet en peluche, sale et malodorant, tout simplement pour avoir la paix. Le bébé, qui est maintenant un peu plus grand, a besoin qu'il soit disponible, il a besoin qu'on le lui rende lorsqu'il le jette pour recommencer à le jeter hors du berceau et du landau. Il a besoin de pouvoir en tirer des morceaux et de baver dessus. En fait, tout peut arriver à ce jouet qui devient soumis à une forme très primitive d'amour, un mélange de câlinerie affectueuse et d'attaque destructive. Puis, d'autres jouets s'y ajoutent et ceux-là sont fabriqués d'une façon de plus en plus appropriée afin de ressembler à des animaux ou à des bébés. De plus, le temps passant, les parents essaient de faire dire merci à l'enfant, ce qui veut dire qu'il reconnaît le fait que la poupée ou l'ours proviennent du monde et non de son imagination.

Si nous revenons au premier objet, peut-être une couche, une écharpe particulièrement laineuse ou le mouchoir de la mère, nous devons admettre, je crois, que du point de vue du bébé, il serait inapproprié de lui réclamer un merci, reconnaissant ainsi le fait que l'objet vient du monde. De son point de vue, ce premier objet est, en réalité, créé à partir de son imagination. C'est ainsi que le bébé commence à créer le monde et il semble vraiment que nous devions admettre que chaque bébé doit créer le monde à nouveau. Le monde tel qu'il se présente n'a pas de signification pour l'être humain qui commence à se développer, sauf s'il est créé aussi bien que découvert.

Il est impossible de passer en revue l'énorme variété des premières possessions et des premières techniques employées par les bébés lorsqu'ils sont inquiets et surtout lorsqu'ils sont sur le point de s'endormir.

Exemples : Une petite fille utilisait la chevelure plutôt longue de sa mère pour faire des caresses pendant qu'elle suçait son pouce. Lorsque ses propres cheveux furent assez longs, elle s'en servit pour les tirer sur son visage au lieu de ceux de sa mère et elle en respirait l'odeur lorsqu'elle s'endormait. Elle ne cessa de le faire jusqu'au moment où elle fut assez grande pour avoir les cheveux courts et ressembler à un garçon. Le résultat lui plut jusqu'à l'heure du coucher et, bien entendu, elle fit alors une colère. Les parents avaient heureusement conservé ses cheveux et ils lui en donnèrent une mèche. Immédiatement, elle la mit sur son visage de la manière habituelle, la respira et s'endormit toute heureuse.

Un petit garçon s'était intéressé très tôt à une couverture en laine de plusieurs couleurs. Avant la fin de sa première année, il s'amusait à trier selon leur couleur les fils de laine qu'il tirait. Son intérêt pour la texture de la laine et les couleurs persista et ne le quitta en fait jamais. Une fois grand, il devint un expert en couleurs dans une usine de textiles.

La valeur de ces exemples réside seulement dans le fait qu'ils illustrent la grande variété des phénomènes et des techniques utilisées par les bébés en bonne santé dans leurs moments de tension ou lorsqu'ils sont séparés. Presque tous ceux qui se sont occupés d'enfants peuvent fournir des exemples et l'étude de chacun d'entre eux est fascinante à condition que l'on se soit rendu compte auparavant que chaque détail est important et possède une signification. Quelquefois, au lieu d'objets, nous trouvons des techniques comme le murmure, ou des activités plus cachées comme la correspondance entre les lumières ou l'étude de frontières mouvantes, par exemple deux rideaux qui bougent légèrement dans la brise ou le chevauchement de deux objets qui changent l'un par rapport à l'autre selon les mouvements de la tête du bébé. Quelquefois, la pensée prend la place des activités visibles.

Anomalies : Afin de mettre l'accent sur la normalité de ces phénomènes, je voudrais attirer l'attention sur la manière dont la séparation peut les affecter. En gros, lorsque la mère ou une autre personne dont le bébé dépend, s'absente, il n'y a pas de changement immédiat, compte tenu du fait que le bébé possède une version interne de la mère qui reste vivante pendant un certain temps. Si la mère s'absente pendant une période de temps qui dépasse une certaine limite, la version interne pâlit. En même temps, tous ces phénomènes transitionnels perdent leur signification et le bébé devient incapable de les utiliser. Ce que nous voyons alors est un bébé qu'il faut soigner ou nourrir et qui, si on le laisse seul, a tendance à revenir à des activités excitantes impliquant une satisfaction des sens. Tout le domaine intermédiaire du contact affectueux est perdu. Une fois la mère revenue et si son absence n'a pas été trop longue, une nouvelle version interne d'elle se reconstruit tout d'abord et cela prend du temps. La réussite de ce rétablissement de la confiance dans la mère se manifeste dans le retour de l'utilisation des activités intermédiaires. Ce que nous voyons chez les tout-petits devient évidemment plus grave lorsque, plus tard, un enfant se sent abandonné et devient incapable de jouer, incapable d'être affectueux ou d'accepter l'affection. Cela peut s'accompagner, comme on le sait, d'activités érotiques compulsives. On peut dire des phases de vol de l'enfant qui a perdu quelque chose et qui est en train de guérir qu'elles font partie de la quête de l'objet transitionnel qui a été perdu à la suite de la mort ou de l'affaiblissement de la version intériorisée de la mère.

Une petite fille avait pour habitude de sucer une grosse couverture de laine qu'elle mettait autour de son pouce. Lorsqu'elle eut trois ans, on lui prit la couverture pour la « guérir » de sa manie de sucer. Plus tard, elle se mit à se ronger les ongles d'une manière grave et compulsive, ce qui s'accompagnait d'une tendance compulsive à lire au moment de se mettre au lit.

Elle cessa de se ronger les ongles lorsque, à l'âge de 11 ans, on l'aida à se souvenir de la couverture de laine, du dessin qui se trouvait dessus et de son amour pour cette couverture.

Évolution : Dans la santé, il y a une évolution à partir du phénomène transitionnel et de l'emploi des objets jusqu'à la capacité de jeu totale de l'enfant. On s'aperçoit très facilement que jouer est d'une importance vitale pour tous les enfants et que, dans le développement affectif, la capacité de jouer est un signe de santé. J'essaie d'attirer l'attention sur le fait que la première version du jeu est la relation que le tout-petit établit avec le premier objet et j'espère que si les parents comprennent la normalité de ces objets transitionnels, qui témoignent vraiment d'une croissance saine, ils n'auront pas honte de transporter des objets bizarres chaque fois qu'ils voyagent avec leur enfant. Ils ne les dénigreront pas et ils feront tout leur possible pour éviter qu'ils ne soient perdus. Tels de vieux soldats, ces objets finissent tout simplement par disparaître. Autrement dit, ils se transforment et sont remplacés par le groupe des phénomènes qui imprègnent tout le royaume du jeu des enfants, ainsi que celui des activités et des intérêts culturels — ce vaste domaine intermédiaire entre la vie dans le monde extérieur et le rêve.

La tâche de différencier phénomènes extérieurs et rêves est évidemment difficile. C'est une tâche que nous espérons tous pouvoir accomplir afin de nous proclamer en bonne santé. Nous avons néanmoins besoin d'un repos dans cette différenciation, repos que nous trouvons dans nos intérêts et nos activités culturelles. Nous admettons que le domaine dans lequel l'imagination joue un rôle prépondérant est plus large pour le petit enfant que pour nous et nous considérons que le jeu, qui utilise le monde tout en conservant toute l'intensité du rêve, est une activité caractéristique de la vie des enfants. Pour le nourrisson qui vient tout juste de commencer la tâche terrible de parvenir à l'état de santé adulte, nous admettons une vie intermédiaire, particulièrement pendant les moments qui séparent la vie éveillée du sommeil. Ces phénomènes dont je parle et les objets qui sont utilisés appartiennent au lieu de repos que nous donnons au bébé au commencement, lorsque nous ne nous attendons que très peu à ce qu'il distingue le rêve de la réalité.

En tant que psychiatre d'enfants, lorsque j'entre en contact avec des enfants et que je les trouve en train de dessiner, de parler d'eux-mêmes et de leurs rêves, je suis toujours surpris de les voir se souvenir facilement de ces tout premiers objets. Souvent, ils surprennent leurs parents en se rappelant des morceaux de couverture et des objets étranges que les parents ont oubliés depuis longtemps. Si un de ces objets existe encore, c'est l'enfant qui sait exactement où, dans le limbe des choses à demi oubliées, il se trouve, tout au fond d'un tiroir peut-être ou bien sur l'étagère supérieure de l'armoire. Lorsque l'objet est perdu, comme cela arrive quelquefois par accident et surtout lorsque certains parents, sans en comprendre la véritable signification, le donnent à un autre bébé, cela provoque de l'angoisse chez les enfants. Certains parents ont tellement l'habitude de ces objets que dès la naissance d'un bébé ils prennent l'objet transitionnel de la famille et le mettent près de lui, s'attendant à ce qu'il ait le même effet sur le nouveau-né que sur le précédent. Il est naturel qu'ils soient quelquefois déçus, parce que l'objet offert de cette manière aura, ou n'aura pas, de signification pour le nouveau bébé. Ça dépend. On comprendra aisément que le fait d'offrir un objet de cette manière a ses dangers puisque, en un sens, cela enlève au bébé l'occasion de créer. Il est certain que c'est souvent une aide très appréciable lorsqu'un enfant peut utiliser quelque objet de la maison, un objet à qui l'on peut donner un nom et qui finit souvent par faire presque partie de la famille. De l'intérêt que le bébé lui portera dépendra son intérêt final pour les poupées, les autres jouets et les animaux.

Tout ce sujet est fascinant à étudier pour les parents. Ils n'ont pas besoin d'être psychologues pour tirer un grand bénéfice de l'observation et peut-être du souvenir de la manière dont de tels attachements, de telles techniques, évoluent dans ce domaine intermédiaire, qui est caractéristique de chaque bébé à son tour.

11. L'aide aux parents normaux

Si vous m'avez lu jusqu'ici, vous aurez remarqué que j'ai essayé de dire quelque chose de positif. Je n'ai pas indiqué comment on peut surmonter les difficultés, ni ce qu'on devrait faire lorsque des enfants manifestent des signes d'angoisse ou lorsque les parents se disputent devant eux, mais j'ai essayé de venir en aide aux instincts sains des parents normaux, ceux qui sont susceptibles de fonder et de faire vivre une famille avec des enfants normalement sains. Il y a beaucoup plus à dire, mais ceci est un permier pas.

On peut se poser la question de savoir pourquoi se donner la peine de s'adresser à des gens qui font bien. Les parents qui traversent des difficultés n'ont-ils pas un grand besoin d'être aidés ? Eh bien, j'essaie de ne pas me laisser submerger par le fait qu'une grande misère existe sans aucun doute, même ici en Angleterre, à Londres, dans le quartier aux environs immédiats de l'hôpital où je travaille. Je ne connais cette misère que trop bien, ainsi que l'angoisse et la dépression qui prévalent. Mes espoirs, toutefois, reposent sur les familles saines et équilibrées que je vois également se fonder autour de moi, les familles qui forment la seule base pour l'équilibre de notre société durant les vingt années à venir.

On peut aussi se demander pourquoi je m'intéresse aux familles normales, en bonne santé, que j'affirme exister et sur lesquelles mes espoirs reposent. Ne peuvent-elles pas se débrouiller elles-mêmes ? Eh bien, j'ai une très bonne raison d'apporter une aide active dans ce cas et la voici :

il existe des tendances à la destruction de ces bonnes choses. Il n'est aucunement sage de croire que ce qui est bon est à l'abri d'attaques. Il serait plutôt vrai de dire que le meilleur doit toujours être défendu s'il doit survivre à sa découverte. La haine de ce qui est bon existe toujours, ainsi que la peur. Elles sont principalement inconscientes et elles peuvent se manifester sous forme d'interventions, de règlements mesquins, de restrictions légales et toutes sortes de stupidités.

Je ne veux pas dire que les parents soient dirigés ou gênés par la politique officielle. L'État, en Angleterre, s'efforce de laisser les parents libres de choisir. Ils peuvent accepter ou refuser ce qu'il offre. Naturellement, les naissances et les décès doivent être déclarés, certaines maladies infectieuses doivent être obligatoirement signalées et les enfants doivent fréquenter l'école entre cinq et quinze ans. On peut forcer les garçons et les filles qui s'écartent des lois à obéir, ainsi que leurs parents. L'État, toutefois, fournit un très grand nombre de services que les parents peuvent utiliser ou refuser. Pour n'en mentionner que quelques-uns, nous avons les écoles maternelles, la vaccination contre la variole et la diphtérie, les centres d'observation pré-natale et les consultations de nourrissons, l'huile de foie de morue et les jus de fruits, les soins dentaires, le lait bon marché pour les bébés et celui qui est offert dans les écoles aux enfants plus âgés. Tout cela est disponible, mais pas obligatoire, ce qui laisse à penser que, de nos jours, l'État en Angleterre reconnaît vraiment qu'une bonne mère est le véritable juge de ce qui est bon pour son enfant, pourvu qu'elle soit informée des faits et éduquée quant aux besoins.

L'ennui est que ceux qui administrent réellement ces services publics n'ont pas tous confiance dans l'aptitude de la mère à mieux comprendre son enfant que quelqu'un d'autre. Médecins et infirmières sont souvent si impressionnés par l'ignorance et la stupidité de certains parents qu'ils ne peuvent admettre la sagesse des autres. Peut-être le manque de confiance dans les mères, que l'on observe si souvent, vient-il aussi de leurs études spécialisées. Ils acquièrent de solides connaissances sur le corps, qu'il soit malade ou en bonne santé, mais ils ne sont pas nécessairement qualifiés pour comprendre toute la tâche des parents. Lorsqu'une mère rechigne devant leurs conseils avisés, ils n'ont que trop tendance à penser qu'elle fait cela par esprit de contradiction, alors qu'elle sait réellement que son bébé souffrirait d'être envoyé à l'hôpital au moment du sevrage, que son garçon devrait être capable de mieux comprendre le monde avant qu'on ne l'emmène à l'hôpital pour être circoncis, ou que sa fille, à cause de son extrême nervosité, est vraiment réfractaire aux piqûres et aux vaccinations (sauf s'il y a réellement une épidémie).

Que peut faire une mère qui s'inquiète de la décision du médecin d'opérer son enfant des amygdales ? Le docteur connaît certainement bien cette question. Souvent, cependant, il ne fait pas sentir à la mère qu'il comprend réellement combien il est grave d'emmener un enfant qui a l'impression de bien se porter et de l'opérer sans pouvoir lui expliquer de quoi il s'agit parce qu'il est trop jeune. Le mère ne peut que se raccrocher à son sentiment qu'il faut, si possible, éviter une telle éventualité. Si elle croit réellement dans son instinct, parce qu'elle est au fait du problème de la personnalité en évolution de son enfant, elle peut faire part de son point de vue au médecin et jouer son rôle dans la prise de décision. Un médecin qui respecte les connaissances spécialisées des parents gagne facilement le respect pour ses propres connaissances spécialisées.

Les parents savent bien que leurs petits enfants ont besoin d'un environnement simplifié et qu'ils ont besoin de cet environnement simplifié jusqu'à ce qu'ils soient capables de comprendre la signification des complications et capables, par conséquent, de les admettre. Vient un temps où le fils peut se faire enlever les amygdales, si elles ont vraiment besoin d'être enlevées, sans que cela nuise au développement de sa personnalité. Il peut même trouver de l'intérêt à être hospitalisé et retirer du plaisir de cette expérience. Cela peut lui permettre de progresser du fait d'avoir, pour ainsi dire, sauté un obstacle. Ce moment, toutefois, dépend de la nature de l'enfant et pas seulement de son âge et c'est seulement une personne aussi proche de lui que sa mère qui peut juger, bien qu'il soit certain qu'un médecin puisse l'aider à prendre une décision.

En vérité, dans sa politique d'éducation des parents, l'État est sage de ne pas les forcer. Le pas suivant est l'éducation de ceux qui administrent les services publics et l'affermissement de leur respect pour les sentiments et le savoir instinctif de la mère normale pour ce qui concerne ses propres enfants. A cet égard, c'est une spécialiste et si elle n'a pas un respect excessif de la voix de l'autorité, on s'apercevra qu'elle sait bien ce qui est bon et ce qui est mauvais en matière d'éducation.

Tout ce qui n'apporte pas un soutien spécifique à l'idée que les parents sont des personnes responsables sera, à long terme, dangereux pour le cœur même de la société.

Ce qui est important, c'est que la vie d'un individu qui se transforme de bébé en enfant, puis d'enfant en adolescent, ait pour cadre une famille qui existe d'une façon continue et qui se considère capable de résoudre ses problèmes localisés, les problèmes du monde en miniature. En miniature, oui..., mais pas plus petits en ce qui concerne l'intensité des sentiments et la richesse de l'expérience, plus petits seulement dans le sens relativement peu important de complexité quantitative.

Si ce que j'ai écrit ne faisait rien de plus que de stimuler d'autres personnes à faire mieux ce que je fais, à aider les gens normaux et à leur donner les raisons justes et réelles de leurs bons sentiments instinctuels, cela suffirait pour me satisfaire. Nous, médecins et infirmières, faisons tout ce que nous pouvons pour celui qui est malade dans son corps aussi bien que dans son esprit et nous laissons l'État faire tout ce qu'il peut pour ceux qui, pour une raison ou une autre, sont dans l'embarras et ont besoin de soins et de protection. Mais n'oublions pas qu'il existe heureusement des hommes et des femmes normaux. surtout parmi les moins évolués de la communauté, des gens qui n'ort pas peur des sentiments et dont nous ne devons pas craindre les sentiments. Pour tirer le meilleur des parents, nous devons leur laisser l'entière responsabilité de ce qui les regarde vraiment, l'éducation de leurs propres enfants.

CE QUE LA MÈRE APPORTE
A LA SOCIÉTÉ

Je suppose qu'il existe chez chacun de nous un intérêt prédominant, une tendance profonde qui le pousse vers quelque chose. Si votre vie est assez longue pour que vous puissiez regarder en arrière, vous discernez une tendance pressante qui a intégré les diverses activités de votre vie personnelle et de votre carrière.

En ce qui me concerne, je peux déjà voir quel rôle important a joué dans mon travail le besoin de découvrir et de reconnaître le mérite de la bonne mère normale. Les pères, je le sais, ont tout autant d'importance et, en fait, s'intéresser au maternage, c'est aussi s'intéresser aux pères et au rôle vital qui est le leur dans les soins donnés aux enfants. Pour moi, cependant, c'est aux mères que j'ai profondément besoin de m'adresser.

Il me semble que quelque chose fait défaut dans la société humaine. Les enfants poussent et deviennent à leur tour des parents mais, tout compte fait, ils ne grandissent pas pour savoir et reconnaître exactement ce que leur mère a fait pour eux au début. La raison en est que le rôle joué par la mère n'a commencé à être perçu que récemment. Mais ici, il faut que je m'explique. Il est certaines choses que je ne veux pas dire.

Je ne veux pas dire que les enfants devraient remercier leurs parents d'avoir été conçus. Ils sont certainement en droit d'espérer que leur rencontre était, à l'origine, affaire de plaisir et de satisfaction mutuels. Les parents ne peuvent certainement pas s'attendre à être remerciés pour le fait de l'existence d'un enfant. Les bébés ne demandent pas à naître.

Il y a d'autres choses qui ne sont pas dans ma pensée. Par exemple, je ne veux pas dire que les enfants doivent quelque chose à leur père et à leur mère parce qu'ils ont coopéré pour fonder un foyer et s'occuper de leurs enfants, quand bien même des sentiments de reconnaissance se manifesteraient finalement. Des parents bons et normaux fondent un vrai foyer et restent ensemble — fournissant ainsi la ration fondamentale de soins à donner à un enfant et maintenant de la sorte un cadre dans lequel chaque enfant peut progressivement trouver et sa personnalité et le monde, ainsi qu'une relation efficace entre les deux. Mais les parents ne veulent pas être remerciés pour cela. Ils ont leurs joies et, plutôt que d'être remerciés, ils préfèrent voir leurs enfants grandir et devenir à leur tour des parents et des fondateurs de foyer. On peut renverser les termes et dire que les garçons et les filles peuvent blâmer à juste titre les parents qui, après les avoir mis au monde, ne leur donnent pas les débuts dans la vie qui leur sont dus.

Le dernier demi-siècle a vu de grands progrès dans la perception de la valeur du foyer. (Peu importe que cette perception soit d'abord venue de celle des conséquences d'un mauvais foyer.) Nous avons certaines connaissances sur les raisons pour lesquelles la tâche longue et difficile des parents qui élèvent leurs enfants est un travail qui en vaut la peine et nous croyons effectivement que cela fournit le seul fondement réel de notre société et le seul facteur d'une tendance démocratique dans le système social d'un pays.

Les parents, toutefois, et non les enfants sont responsables du foyer. Je voudrais expliquer très clairement le fait que je ne demande à personne d'exprimer de la reconnaissance. Ce qui m'intéresse particulièrement n'a trait ni à la conception, ni à la fondation d'un futur foyer. Je m'intéresse à la relation de la mère avec son bébé juste avant la naissance et au cours des premières semaines et des premiers mois qui la suivent. J'essaie d'attirer l'attention sur la contribution immense que la bonne mère normale apporte au début, avec l'aide de son mari, à l'individu et à la société, une contribution qu'elle apporte *en se dévouant tout simplement à son bébé.*

On ne se rend peut-être pas compte de cette contribution de la mère dévouée, précisément à cause de son immensité. Mais si on l'admet, il en découle que tout homme ou toute femme en bonne santé, tout homme ou toute femme qui a le sentiment d'être une personne dans le monde et pour qui le monde signifie quelque chose, toute personne heureuse, doit infiniment à une femme. A un moment où, en tant que bébé, cette personne (homme ou femme) ne savait rien de la dépendance, la dépendance était absolue.

Encore une fois, laissez-moi le dire, le résultat de cette prise de conscience des faits, lorsqu'elle s'établit, ne sera pas de remercier ou même de louer. Le résultat sera une diminution de la peur en nous. Si notre société retarde le moment de la pleine reconnaissance de cette dépendance — qui est un fait historique au stade initial du développement de chaque individu — un blocage ne peut que subsister, à la fois envers le progrès et la régression, un blocage fondé sur la peur. Si le rôle de la mère n'est pas vraiment reconnu, une vague peur de la dépendance ne peut que subsister. Cette peur peut prendre quelquefois la forme d'une crainte de la femme ou d'une crainte d'une femme : à d'autres moments, elle prendra des formes moins aisément reconnues, comprenant toujours la peur d'être dominé.

Malheureusement, la peur d'être dominé ne conduit pas les gens à éviter d'être dominé. Elle les attire, au contraire, vers une domination spécifique ou choisie. En fait, si on étudiait la psychologie du dictateur, on pourrait s'attendre à découvrir que, parmi d'autres choses, il essaie, dans son combat personnel, de maîtriser la femme dont il craint inconsciemment la domination, essayant de la maîtriser en l'entourant, en agissant pour elle et en exigeant en retour une sujétion totale et un « amour » total.

De nombreux étudiants en histoire sociale ont pensé que la crainte de la femme était une cause puissante du comportement apparemment illogique des êtres humains vivant en groupe. On remonte toutefois rarement jusqu'à la racine de cette peur. Pourtant, si dans l'histoire de chaque individu, on analyse cette peur de la femme, elle apparaît comme une peur de reconnaître le fait de la dépendance. De très bonnes raisons sociales existent donc pour inciter à la recherche portant sur les tout premiers stades de la relation entre la mère et son nourrisson.

Quant à moi, je me suis trouvé attiré par la découverte de tout ce qu'il m'était possible de découvrir sur la signification du mot dévouement et la possibilité de reconnaître d'une manière tout à fait informée, aussi bien que sentie, ce que je dois à ma propre mère. Là, un homme se trouve dans une situation plus difficile qu'une femme. Il ne peut évidemment rembourser sa mère en devenant mère à son tour et à son moment. Il n'a pas d'autre alternative que d'aller aussi loin que possible vers une prise de conscience de ce que la mère a réussi en lui. Chez lui, le développement de sentiments maternels n'est pas une caractéristique assez poussée et la féminité s'avère une voie de garage par rapport aux aboutissements principaux.

L'une des solutions, pour un homme que ce problème passionne, est de prendre part à une étude objective du rôle de la mère, surtout du rôle qu'elle joue au commencement.

Aujourd'hui, l'importance de la mère au départ est souvent niée. On dit, au contraire, que dans les premiers mois, c'est seulement la technique des soins corporels qui compte et qu'une bonne nurse fera tout aussi bien pour cette raison. Nous trouvons même des mères (pas dans ce pays, je l'espère) à qui l'on dit qu'elles *doivent materner* leur bébé, ce qui représente la négation la plus complète que le « maternage » vient naturellement du fait d'être mère. Il arrive souvent que juste avant la compréhension d'une question, il y ait un stade de déni, d'aveuglement ou de non-perception délibérée, tout à fait identique au retrait de la mer loin des sables avant qu'elle ne jette en avant sa vague grondante.

Les manies administratives, les dictats de l'hygiène, une tendance louable vers la promotion de la santé corporelle, tout cela et toutes sortes d'autres choses s'immiscent entre la mère et son bébé et il est peu vraisemblable que les mères, dans un effort concerté, protesteront contre ces interventions. Quelqu'un doit agir à la place des jeunes mères qui ont leur premier et leur deuxième bébé et qui elles-mêmes sont nécessairement dans un état de dépendance. On peut affirmer qu'aucune mère de nouveau-né ne fera la grève contre les médecins et les infirmières, aussi grande que soit la frustration, parce qu'elle pense à autre chose.

Dans la première partie de cet ouvrage, les causeries et les essais s'adressent principalement aux mères, mais les jeunes mères que cela concerne principalement ne les liront vraisemblablement pas. Je ne désire pas voir cette situation se modifier. Je ne peux pas affirmer que les jeunes mères aient un jour envie de connaître ce qu'elles font alors qu'elles découvrent le plaisir qu'elles ont à s'occuper de leur bébé. Elles ont une peur naturelle que l'instruction ne gâche leur plaisir et leur expérience créative, ces éléments essentiels qui conduisent à la satisfaction et à la croissance. La jeune mère a besoin de protection et d'informations et elle a besoin de ce que la science médicale peut offrir de mieux en matière de soins corporels et de prévention d'accidents évitables. Elle a besoin d'un médecin et d'une infirmière qu'elle connaisse et en qui elle ait confiance. Elle a également besoin du dévouement de son mari et d'expériences sexuelles satisfaisantes. Non, la jeune mère n'apprend généralement pas à partir des livres. Pourtant, je m'en suis tenu à la forme de causeries directes s'adressant à de jeunes mères, pour une question de discipline. Celui qui écrit sur la nature humaine a constamment besoin de revenir à un langage simple et de s'écarter du jargon des psychologues, aussi valable soit-il pour les contributions à des journaux scientifiques.

Probablement, certaines d'entre vous qui ont déjà connu l'expérience de la maternité et qui peuvent donc se permettre de regarder autour d'elles, seront-elles intéressées par la lecture de ce qui est dit de cette manière. Et elles seront peut-être capables de faire ce dont on a tellement besoin en ce moment — qui est de soutenir moralement la bonne mère normale, éduquée ou non, savante ou non, riche ou pauvre, et de la protéger contre tout ce qui peut s'immiscer entre elle et son bébé, qu'il s'agisse de personnes ou de choses. Tous, nous joignons nos forces pour permettre à la relation affective entre la mère et son nouveau-né de prendre le départ et de se développer d'une manière naturelle. Cette tâche collective continue le travail du père, son travail au début lorsque sa femme porte l'enfant qui est de lui, qu'elle le met au monde et qu'elle le nourrit et pendant la période qui précède le moment où le bébé pourra l'utiliser autrement.

INDEX

TABLE DES MATIÈRES

Ouvrage imprimé sur presse CAMERON,
dans les ateliers de la S.E.P.C.
à Saint-Amand-Montrond (Cher)
en juin 1993

ISBN 2-228-88343-3

— N° d'impression : 1509. —
Dépôt légal : juin 1993.

Imprimé en France